LES PÉCHÉS
DU PRINCE

ALAIN GENESTAR

LES PÉCHÉS
DU PRINCE

BERNARD GRASSET
PARIS

« *L'histoire tombe au-dehors comme la neige* »

ANDRÉ BRETON,
Préface à La Femme 100 têtes *de Max Ernst*

Va-t-il oser et se mêler à la liesse ?... Soudain François Mitterrand se lève, les deux bras dressés droit, bien haut par-dessus la tête, comme autrefois le général de Gaulle saluant la foule. Le Président fait la *ola*.

La scène se passe à Albertville, au Théâtre des cérémonies, le samedi soir de l'ouverture des Jeux. La France est en fête. Elle semble heureuse, ragaillardie, insouciante. Bientôt, quand ses champions grimperont sur le podium, elle s'habillera de bleu, blanc, rouge, et les chants du coq résonneront longtemps, le soir aux journaux de vingt heures. Flonflons, feux d'artifice, *Marseillaise* et drapeaux, la France gagne enfin et gonfle ses victoires. C'est là sa nature. Un peu excessive, hautaine, parfois arrogante. Et, le temps des Jeux de neige, oublieuse de ses défaites.

« Quelles défaites ? » Le mot agace le chef de l'État. Il le refuse, ne comprend pas pourquoi les Français s'autoflagellent en parlant de leurs malheurs. Nous vivons dans le plus beau et le plus respecté des pays du monde, et nous ne le savons pas. Sans cesse, le Président le rappelle. Lors des conférences de presse ou des vœux, il a toujours ces petits mots qui flattent l'amour-propre national, mais rien n'y fait. La France a mauvaise mine, et les Français ne sont pas en forme. Ils s'enflamment pour les JO, montrent qu'ils sont prêts à reconnaître et chanter leurs succès, à les grossir. Puis la vague enthousiaste retombe. Comme la *ola*.

Il y a le chômage, les affaires d'argent pas propre, la justice, la santé, l'école, la fonction publique, l'agriculture, la politique malade d'elle-même, l'extrême droite qui en profite. Et le reste : la vie morose, pas gaie, dépressive. Plus autre chose, une intuition bizarre et inhabituelle : la France n'est-elle pas en train de perdre son rang et de collectionner les échecs ?

Cette impression, mal exprimée, gagne les esprits et tourne autour du Président. Il la chasse, la combat, démontre qu'elle est sans fondement. Elle continue de croître et enfle. Pourtant, quand François Mitterrand aborde les rivages de la très haute diplomatie, là où se joue l'avenir du monde et la réputation des puissances, il sait de quoi il parle. N'est-il pas expert en cette matière et reconnu comme tel ? Il est depuis fort longtemps l'interlocuteur des plus grands, écouté dans les instances internationales qu'il réveille. Souvent, et les exemples, nombreux, se comptent, il élève la voix de la France et impose à l'ONU ou ailleurs son sentiment. Mais le Président *aurait* perdu la main. Vrai ou faux ?

Par tradition et par marotte, la classe politique se divise sur cette question comme sur toutes. La majorité, par réflexe, défend le Président et crie à la calomnie dès que celui-ci est attaqué. L'opposition, par système, saute sur l'occasion et dénonce sa politique étrangère, jusqu'ici réputée de qualité. Les arguments et critères de l'une comme de l'autre ne sont donc pas du plus bel intérêt. Restent, pour répondre, les actes et leurs conséquences, dont celles-ci, essentielles et symboliques, que le hasard a réunies en une seule soirée, dans un même lieu.

Ce mercredi 5 février 1992 (pour l'anecdote, trois jours avant l'ouverture des jeux Olympiques), François Mitterrand reçoit à dîner M. et Mme Boris Eltsine au Grand Trianon. Le Président, éloquent, évoque devant ses hôtes, flattés, la visite, en 1717, du tsar Pierre le Grand au jeune Louis XV, ici même à Versailles, mais dans le château. Le chef du nouvel État russe écoute avec gourmandise et attention, il est bien le seul. Dans la galerie des Cotelle où s'alignent les vingt-quatre tableaux représentant les jardins du Trianon, les deux cents convives ont l'esprit ailleurs. A table, ils ne parlent que de George Habache, des sanctions qui ont frappé de très hauts fonctionnaires, de l'ire présidentielle et de ses retombées sur la République.

Unité d'espace et de temps, la tragi-comédie politico-diplomatique rejoint les règles strictes de la tragédie grecque ; ce soir-là, dans un lieu unique, deux affaires se côtoient : l'affaire Eltsine et l'affaire Habache, l'une et l'autre liées aux récents dérapages de la politique étrangère française.

Donc, Boris Eltsine, depuis quelques heures, est à Paris. Heureux homme ! Dans la hiérarchie protocolaire qui accompagne et habille les déplacements des chefs d'État étrangers en France, il a exigé le nec plus ultra, la visite d'État. Tout lui est donné, avec largesse et moult égards. Accueil à sa descente d'avion par le président de la République, cérémonie à l'esplanade des Invalides, déplacement en cortège et escorte de la garde à cheval jusqu'à l'Élysée, deux longs entretiens dans le bureau de François Mitterrand, un avec Roland Dumas, un autre avec le président de l'Assemblée nationale, déjeuner offert par le Premier ministre au Quai d'Orsay, dîner au Grand Trianon puis au palais du Luxembourg, remontée des Champs-Élysées et dépôt de gerbe à l'Arc de triomphe, sans oublier une réception à l'Hôtel de Ville par Jacques Chirac, une rencontre avec Valéry Giscard d'Estaing et une accolade au grand-duc Vladimir. Seule la chaleur des Parisiens a manqué : en démocratie, elle ne s'ordonne pas.

Un tel accueil, républicain et royal, est exceptionnel. Sans doute était-il de l'intérêt de la France de saluer Eltsine, et l'accélération de l'histoire, avec faste. Mais le contraste avec sa première visite, en avril de l'année précédente, est éclatant, presque ridicule. L'homme qui n'était alors que « simple » président du Parlement russe, mais candidat déjà à la présidence de la Russie, avait été reçu de façon cavalière et grossière. Nous en reparlerons.

La France, moins d'un an après, donne l'impression de corriger ses erreurs, de chercher à gommer ses fautes d'appréciation en étreignant celui que, trop longtemps, elle méprisa.

Au Grand Trianon, ce soir-là, le fantôme de Pierre

le Grand, réveillé par les toasts, se promène entre les tables. Boris Eltsine est aux anges. Et François Mitterrand à Canossa.

George Habache a quitté Paris depuis quatre jours. Mais l'affaire n'est pas encore terminée. La veille au soir, le Président est intervenu à la télévision pour chercher à la clore. Vaine tentative. Le mal est fait. Il touche le gouvernement, l'Élysée, tout l'appareil, la France. Y a-t-il eu mensonges ? Les fonctionnaires limogés étaient-ils de simples fusibles protégeant leurs ministres et, au sommet, le Président ? Peu importe. La version officielle est sans doute vraie, elle reste, pour l'opinion, invraisemblable. Ainsi, l'État c'est cela, cette machine si peu fiable, fonctionnant toute seule, sans concertation ni prise de décision au plus haut niveau politique. Difficile à admettre, et pourtant...

Ce *dysfonctionnement* — mot barbare sorti pour la circonstance — met au jour un autre fonctionnement, celui de notre très subtile diplomatie arabe ou ce qu'il en reste. La France croit à l'échec des suites de la conférence de Madrid, c'est son droit. Elle poursuit seule les contacts, notamment auprès de l'OLP, c'est encore son droit. Sa stratégie est faite de discrets services rendus et de contacts secrets, pourquoi pas ? A la condition de ne pas paraître aux yeux du monde une puissance qui pratique la duplicité.

L'accueil d'un terroriste en retraite, sous le prétexte — avéré ou supposé — d'un examen médical, ferait partie des usages diplomatiques non dits et des petits signes d'amitié qui entretiennent les bonnes relations.

Les hauts fonctionnaires du Quai d'Orsay et du ministère de l'Intérieur ont donc cru bien agir. Pourquoi s'interroger et questionner son ministre sur l'opportunité d'une « mesure humanitaire » qui s'inscrit dans une attitude générale et une politique suivie ? En vertu (pardon du mot) de ces pratiques, « l'affaire est en elle-même mineure », comme l'a dit Jean-Pierre Chevènement. Mais les circonstances ne sont pas ordinaires : les négociations se poursuivent au Proche-Orient, elles sont difficiles, longues, risquées, fragiles. Et George Habache n'est pas n'importe lequel des leaders palestiniens : il fut le grand spécialiste de la piraterie aérienne, la tuerie de l'aéroport de Lod-Tel-Aviv, en 1972, lui est attribuée, de même que le détournement de l'avion d'Air France sur Entebbe en 1976 ou l'attaque des guichets d'El Al à Orly en 1978. Le nom de son organisation, le FPLP*, est évoqué lors de l'enquête sur l'attentat de la rue Copernic en 1980. Il a revendiqué l'assassinat, en 1986, de Zafer Al Masri, maire de Naplouse et personnalité palestinienne modérée. Enfin, et ce n'est pas le moindre dans le contexte international actuel, George Habache reste l'incarnation du refus d'une paix négociée entre Israël et les pays arabes. En pleine crise du Golfe, il a lancé de Bagdad un appel à « frapper les intérêts américains et occidentaux ». C'est cet homme et son lourd passé que la mère patrie des droits de l'homme installe dans son lit. Puis expulse, refusant d'assumer sa faute et contrariant ainsi l'OLP, sa partenaire. Gâchis total.

* Front populaire de libération de la Palestine.

Les convives du Grand Trianon papotent : notre diplomatie ne s'est-elle pas ridiculisée ? La France ne sort-elle pas diminuée de cette piteuse affaire ? Ils interrogent, et certaines réponses, chuchotées loin du Président, troubleraient son dîner.

Ce soir-là, l'Histoire et son approche mauvaise, tardive ou hésitante, envahissent ce lieu royal. Sur deux grands dossiers, les plus importants de la fin du siècle — la question du Proche-Orient et les événements de l'Est —, le Président, à force de calculs, a embrouillé les cartes. La France, pour jouer un rôle, s'est faite manœuvrière au point de désorienter ses propres partenaires.

Dans le Golfe, le Président s'est engagé militairement auprès de la coalition, a soutenu avec force le juste respect du droit international, mais n'a cessé de pratiquer un jeu ambigu. Et notre politique envers le monde arabe continue aujourd'hui à être confuse et incompréhensible.

A l'Est, au pied du Mur, il a manqué le grand rendez-vous. Plus loin à Moscou, il n'a pas vu décliner l'étoile de Mikhaïl Gorbatchev, monter celle de Boris Eltsine, et ses réactions pendant et après le putsch ont montré que sa vision des choses était parfois erronée...

Le monde bouge, le leadership américain est affirmé sur le monde, l'Allemagne unifiée change la donne européenne, la France perd des avantages diplomatiques et nucléaires, elle cherche de nouveaux points d'appui. François Mitterrand ne les a pas trouvés.

Il y a, à son crédit, des succès importants. Il faut être aveugle, ou opposé à sa personne, pour ne pas les voir. La France reste une puissance qui compte, son Président est à l'origine de grandes initiatives. L'envoi de Casques bleus en Yougoslavie, par exemple, a été réclamé par Paris longtemps avant que l'ONU, enfin, ne se réveille. Deux mille soldats français, soit le plus gros contingent de la force internationale des Nations unies, sont présents sur le terrain. La France prend donc ses responsabilités.

L'acceptation des commissions d'arbitrage pour empêcher les conflits de frontières, idée défendue par Robert Badinter, est une grande victoire française, parmi beaucoup d'autres. François Mitterrand se plaît à les égrener en réponse aux attaques de l'opposition. Il glorifie ses actions, en dresse régulièrement la liste ; longue énumération de hauts faits diplomatiques, dont beaucoup sont incontestables. C'est là sa méthode : il ne s'explique pas sur ses erreurs, mais les étouffe sous le poids des succès.

Jamais donc le Président ne reconnaîtra la moindre de ses fautes. Le ferait-il ? Son entourage amical et admiratif serait là pour le conforter dans son assurance. Qui oserait en effet offenser le Prince ? Le second septennat l'a isolé davantage. Il agit seul, de plus en plus seul, débarrassé, face à lui, d'une droite unie et d'un opposant à sa taille. Il s'est protégé de trop proches critiques. La moindre remarque l'irrite. Il accuse la presse, en pleine affaire Habache, de « céder au goût du sensationnel et de falsifier les faits ». Il reproche aux journalistes de ne rien comprendre à la politique qu'il conduit à l'Est. Il se fâche. Colère vaine du reflet qui insulte le miroir.

Pour la première fois, la politique étrangère d'un président de la Ve République est mise en cause, suspectée. Quoi que dise François Mitterrand, l'incompréhension grandit. Plus il intervient pour se justifier, expliquer que tout va bien et mieux encore, plus le fossé se creuse. Sa puissance de conviction, autrefois magistrale, faiblit.

La diplomatie et les victoires qui hissaient la France à la hauteur des supergrands étaient perçues comme une fierté nationale, comme une consolation qui atténuait les difficultés quotidiennes ou les relativisait. Les jours n'étaient pas faciles à vivre, il y avait dans l'air quelques virus qui entretenaient le malaise, mais au moins la France était-elle bien installée sur le podium international. Patatras ! Tout s'écroule dans les têtes. Les jeux troubles lors de la crise du Golfe et les faux jugements sur les événements de l'Est ont brouillé les images. Les Français doutent. Et la perte de confiance s'ajoute aux problèmes intérieurs, nourrit les états d'âme et conforte cet inquiétant sentiment d'échec.

Pour le Président, tout cela est fâcheux. Comme ses prédécesseurs, il tire son prestige, son pouvoir suprême, sa superbe, de ses capacités à maintenir la France à son rang. Lui seul est en charge de cette mission, de la plus grande des missions. Si l'opinion, pour des raisons qui lui sont propres, estime que le chef de l'État a mal joué ce grand rôle, son autorité est directement menacée.

Impossible de mentir ou de cacher les résultats. La politique étrangère, par définition, se joue à plusieurs. Les Français peuvent comparer ce qui se décide ailleurs. Qui gagne et qui perd. Les autres États observent, critiquent et jugent. François Mitterrand est exposé, comme le sont tous les leaders des grandes nations. Il a beau désigner les complots qui, paraît-il, s'ourdissent contre lui et cherchent à déstabiliser son pouvoir, les faits sont là, visibles par tous.

Inscrits dans la guerre du Golfe et les événements de l'Est, ces faits que nous allons regarder ensemble en disent plus long sur la France et ses malaises, sur le Président et sa façon d'agir, que les analyses sociologiques et politiques. Car le chef de l'État, débarrassé des protections gouvernementales et institutionnelles, assume là directement ses décisions. Le voici tel qu'il a choisi d'être et de paraître. Portrait du Président en situation exceptionnelle, face à l'Histoire, celle qui révèle le Prince, ses responsabilités, ses péchés.

Première partie

LES BALLETS DU GOLFE

Personne ne sait pourquoi François Mitterrand ne prononce pas le mot *Koweït* comme tout le monde. Quand le chef de l'État parle de l'Émirat — et il aura l'occasion d'en parler souvent durant les sept mois de crise internationale —, le *Ko* de la première syllabe se transforme mystérieusement en *ke* et le *weït* en *vette*. Le jeudi 9 août 1990 à 19 h 30, une semaine et quelques heures après l'invasion du petit État du golfe Arabo-Persique par les troupes de Saddam Hussein, les téléspectateurs apprennent donc, simultanément, que le porte-avions *Clemenceau* va appareiller dans quatre jours et que *Koweït* se dit, dans le phrasé présidentiel, *Kevette*. Lors des quatorze autres conférences de presse qui suivront cette première intervention télévisée consacrée aux événements du Golfe, le président de la République continuera, avec une imperturbable constance, à exiger « le retrait inconditionnel des troupes irakiennes du *Kevette* ».

Cette amusante étrangeté du langage n'a pas grande importance. Au-delà de la confirmation que François Mitterrand a bien du mal à manier l'accent des mots à consonance étrangère, sa prononciation précieuse du *Kevette*, est, pour les Français, une découverte. Tout simplement parce que, jamais auparavant, ils n'ont eu l'occasion d'entendre le Président citer, du moins en public, le nom de l'Émirat. Et pour cause. Le Koweït est, du fait de son histoire, dans la zone d'influence anglaise et américaine. Parmi les chefs d'État de la Ve République, Valéry Giscard d'Estaing est le seul à s'y être rendu en visite officielle en mars 1980, mais il ne s'agissait que d'une étape lors d'une grande tournée dans la région. Le Quai d'Orsay suit de très loin les affaires d'un pays davantage tourné vers Londres et Washington que vers Paris. En dehors des hommes d'affaires, qui prospectent des marchés dans le Golfe, peu de Français s'intéressent au sort de ce micro-État. Pas même nos compagnies pétrolières, qui ont importé, au premier semestre de l'année 1991, un peu plus de cinq cent mille tonnes de pétrole du Koweït, soit 0, 7 pour cent du montant global de nos importations d'hydrocarbures *.

L'Émirat, dirigé par le tout-puissant cheikh Jaber al-Ahmad al-Jaber al-Sabah, n'a donc rien à voir avec les préoccupations de la France. Et pourtant, François Mitterrand va se lancer dans une action militaire qui dépassera de loin le stade prudent du symbole. Tous les États qui ont participé à la force multinationale avaient un intérêt direct à le faire. L'Amérique de George Bush jouait sa nouvelle réputation de superpuissance débarrassée, pour la première fois, de

---

* Source : Institut français du pétrole.

sa rivale soviétique, et testait sur la scène planétaire son label inavoué d'unique gendarme du nouvel ordre mondial. Les pays arabes, coalliés avec l'Occident, étaient, au premier chef, géographiquement concernés. La Grande-Bretagne puisait dans la vieille histoire coloniale et dans son présent économique des raisons pour intervenir. Seule la France, engagée dans le conflit « à hauteur » des Anglais, ne pouvait invoquer des motifs plus ou moins clairs liés à ses intérêts nationaux ou stratégiques.

Excepté les arguments des pacifistes, hostiles par nature à tout acte militaire, cette disproportion entre l'engagement de la France et son absence de liens historiques, culturels et économiques avec le lointain Koweït, sera le seul reproche fait à François Mitterrand par les rares opposants à sa croisade. Mais, disaient-ils alors, qu'allons-nous faire dans cette histoire qui si peu nous concerne ?

Maintes fois le chef de L'État a développé ses raisons, au départ basées sur le seul respect du droit. Il a su convaincre de la noblesse de son engagement une forte majorité de Français. Avec une habileté qui lui est familière, il a réussi, durant toute la crise, à enfermer dans un consensus, parfois contre leur gré, l'ensemble des grands leaders politiques, hors quelques communistes et les braillards du Front national. Une belle leçon de conviction appliquée !

Pendant des mois, François Mitterrand, fort de l'appui de l'opinion séduite par ses capacités incontestées de sang-froid, a donné l'image d'un président au combat. La guerre, qu'il menait auprès des alliés, se livrait sur le terrain des opérations avec un but précis, libérer le Koweït. Mais le motif peut en cacher un autre : Mitterrand s'est jeté dans l'aventure pour défendre et préserver les restes de grandeur de la France. C'était là le grand défi auquel, dans la logique quasi souveraine de la Ve République, il s'est entièrement associé. A-t-il gagné ? L'a-t-il bien relevé ? La tendance, aux lendemains du conflit, était plutôt au « oui ». On ne boude pas une victoire, fût-elle facile et collective. Mais maintenant, plus d'une année après, le bénéfice est-il si grand que, trop vite, on l'a laissé croire ?

François Mitterrand a voulu démontrer, engagement militaire à l'appui, que la France était encore sinon une grande puissance, du moins une puissance qui comptait sur l'échiquier international. Que sa diplomatie indépendante pouvait influer ou changer le cours des choses et de l'histoire. Mais où se cachent donc les succès de ses chancelleries ? N'est-ce pas au contraire sa propre faiblesse, tant diplomatique que militaire, qui s'est affichée aux yeux du reste du monde ?

La France, conduite par François Mitterrand, a certes eu le courage et la volonté de jouer un rôle dans un drame qui, au-delà du respect du code international, ne la touchait pas. Ce fut son choix. Respectable. Mais fut-il si clair ? N'y a-t-il pas eu, dans ses agissements et parfois ses agitations mal ou trop savamment ordonnées, des excès de ruses qui ont jeté la confusion et compliqué la perception de sa politique auprès des nations occidentales et arabes ?

Toutes ces questions, aujourd'hui, se posent. Les

jours de crise, de guerre puis d'après-guerre y répondent. Avant que l'histoire ne consente, plus tard, à donner ses verdicts définitifs.

CHAPITRE 1

LE DROIT ET LE STANDING

Jeudi 2 août. Dès l'annonce de l'invasion du Koweït par les troupes de Saddam Hussein, François Mitterrand mesure l'ampleur de la crise. Il confiera plus tard que la guerre lui est apparue d'emblée comme inévitable. Cette lucidité conduit le Président à agir très vite. Lui qui d'habitude aime prendre son temps et laisser les grandes décisions se bonifier dans la réflexion, répond du tac au tac à l'agression irakienne. Il condamne clairement et choisit son camp. La France, comme les autres puissances représentées au sein du Conseil de sécurité, se prononce aussitôt pour l'embargo. Et, tout au long de la crise, elle « collera » aux décisions de l'ONU afin que sa démarche corresponde à l'objectif bien défini par le chef de l'État : le respect du droit international.

C'est l'argument unique qui, officiellement, motive François Mitterrand. Il le dira dans son premier point de presse, le 9 août, à l'issue d'un conseil restreint : la France a décidé d'« associer ses efforts à ceux des pays qui s'engagent pour le rétablissement du droit international violé par l'Irak ». Il le confirmera le mardi 21, lors d'une conférence de presse — celle de la célèbre « logique de guerre » —, où il n'hésitera pas à mettre les points sur les i pour que les choses soient bien claires : « Il ne s'agit pas spécifiquement d'une décision française, mais d'une décision des Nations unies à laquelle la France est étroitement associée puisqu'il s'agit de réagir contre une violation du droit international. »

Voilà, qu'on se le dise, et François Mitterrand n'arrêtera pas de le répéter, la France est tout entière animée par le seul triomphe du droit. C'est beau. C'est noble. Mais ce n'est pas le seul mobile.

Il y a une autre raison à cet engagement très fort de la France : la défense de son rang et de son standing de grande puissance. Une raison qui n'est pas contradictoire avec le combat mené sous la bannière du droit international, mais lui est secondaire. Non invoquée aux premières semaines de la crise, cette autre raison deviendra au fil des mois, presque naturellement, un cri du cœur, voire, une fois l'acte de guerre engagé, un cri de ralliement. Ce n'est sans doute pas un hasard si François Mitterrand a choisi de l'évoquer lors de sa traditionnelle présentation des vœux aux Français. A un moment où sa communication, du fait des circonstances, est par nécessité solennelle, chargée d'émotion et de grandes phrases qui portent aux envolées et à l'emphase. « Nos soldats, dit-il, qui servent la France dans cette région du Golfe (...) témoignent du rang qu'occupe notre pays dans le monde et de sa capacité à prendre part au règlement des grands dossiers de la planète, à la place que nous avons héritée de la Seconde Guerre mondiale.

Les péchés du Prince

N'oubliez pas, en effet, qu'avec les États-Unis, l'Union soviétique, la Chine et la Grande-Bretagne, nous sommes l'un des cinq membres permanents du Conseil de sécurité, organe suprême des Nations unies. »

Désormais le président de la République ne cessera de parler du rang et de l'intérêt de la France « qui est l'une des grandes puissances du monde et doit être digne de ses charges * ». La défense du droit international et celle de notre réputation internationale d'un seul coup se confondent. Elles ne sont pas opposées, mais leurs natures sont différentes. Pendant un long premier temps, François Mitterrand n'a parlé que du droit, omettant d'y mêler la grandeur nationale. Puis, les arguments juridiques ont, petit à petit, glissé vers ce qui allait devenir un enjeu politique : l'occasion donnée à la France et à son Président de jouer un rôle de tout premier plan sur la grande scène mondiale.

Un « casse », casus belli

S'il a fallu attendre le 31 décembre au soir pour entendre le chef de l'État parler pour la première fois du rang de la France, l'événement qui marque l'évolution et le changement de nature de l'engagement français s'est produit le vendredi 14 septembre.

Ce matin-là, très tôt, François Mitterrand se pro-

* Conférence de presse du mercredi 9 janvier 1991.

mène sur le pont Charles, à Prague. Dans quelques minutes, à 8 h 30, il reçoit à petit-déjeuner, à l'ambassade de France, Václav Havel, Alexander Dubček, et quelques anciens dissidents de l'ex-pouvoir communiste. Au moment où François Mitterrand regarde le soleil se lever au-dessus des statues noires du célèbre pont, les soldats irakiens pénètrent dans la résidence privée de l'ambassadeur de France à Koweït City. Le petit déjeuner avec le président tchèque et les autres invités se déroule dans la bonhomie avec, entre les croissants et les conversations aimables, quelques allusions émues au galop de l'histoire qui déboule sur toute l'Europe de l'Est. A Koweït City, les soldats de Saddam pillent la résidence diplomatique, arrêtent le colonel Crespin et trois ressortissants français.

En début d'après-midi, vers 15 heures à Bratislava, au beau milieu d'un déjeuner officiel, le président de la République française apprend enfin la nouvelle. Plus tard, en pleine conférence de presse avec son homologue tchécoslovaque, il s'entretient par téléphone avec George Bush. Roland Dumas parle aux journalistes de casus belli. Les heures sont graves mais François Mitterrand, comme il en donne souvent l'impression dans les instants rares où les décisions à prendre sont lourdes de conséquences, affiche une sérénité tranquille. Il répond que la France va réagir, prouver à Saddam Hussein qu'elle n'est pas le « maillon faible » de la coalition. Dans l'avion qui nous ramène à Paris le soir même, le Président est toujours aussi calme, pas de mots forts pour décrire la situation. « Nous allons voir, me dit-il, ce qu'il convient de faire », pas de sous-entendu guerrier. « Casus belli ? Oui, oui, peut-être, mais attendons, il faut en savoir plus, vous savez, tout cela mérite d'être bien examiné. Je verrai cela cette nuit et vous saurez tout demain. »

Cette nuit-là fut en effet, avant celle du déclenchement de la guerre, la nuit la plus longue de François Mitterrand. On dit qu'il hésita, qu'il soupesa, jusqu'à la dernière minute, les hypothèses, qu'il faillit le lendemain matin annuler toute riposte. Cette démarche intellectuelle, mélange de doute et de réflexion, provoque et accompagne chez le Président les grandes décisions, celles qui fixent un rendez-vous avec l'histoire.

Le samedi 15 septembre, Mitterrand annonce, à l'Élysée, la véritable entrée de la France dans ce qu'il avait appelé précédemment la « logique de guerre ». « Voilà qu'une nouvelle agression vient de se produire. Il convient d'y répondre. » Et le chef de l'État n'y va pas de main morte. Les attachés militaires auprès de l'ambassade d'Irak à Paris sont expulsés. La France saisit le Conseil de sécurité pour étendre l'embargo au trafic aérien. Des avions de combat, des blindés, une brigade aéroterrestre composée de trois régiments, en tout quatre mille hommes supplémentaires et des tonnes de matériels, sont envoyés en Arabie Saoudite. Désormais, la France va occuper le troisième rang, loin derrière les États-Unis mais toute proche de la Grande-Bretagne, en nombre de soldats qui dans quelques jours seront présents sur le terrain.

Si la riposte diplomatique (expulsion de quelques fonctionnaires irakiens et saisine du Conseil de sécurité) est apparue proportionnée à l'acte d'agression, la réplique d'ordre militaire a surpris par son importance. Elle relève d'une volonté politique qui va au-delà de la seule défense du droit.

François Mitterrand, le jeudi 6 septembre, une semaine avant la mise à sac de la résidence de notre ambassadeur, avait annoncé que la France n'avait l'intention de s'engager militairement que dans deux hypothèses : s'il y avait violation de l'embargo, et si l'Irak commettait une nouvelle agression contre un autre État de la région. L'agression a bien eu lieu mais elle s'est produite contre des intérêts français. Et son ampleur, fût-elle symbolique, était limitée. On apprendra d'ailleurs quelques jours plus tard que la supposée provocation de Saddam Hussein n'était en fait qu'une simple bavure de militaires irakiens. Une bavure qui, compte tenu du maintien d'un dialogue actif entre le Quai d'Orsay et l'ambassadeur d'Irak en France, Abdul Razzak Al Hachimi, aurait pu trouver un arrangement rapide conforté de quelques excuses. Or ni l'Élysée ni a fortiori nos diplomates n'ont cherché à connaître les vraies circonstances de ce « viol diplomatique » ni à le minimiser. Au contraire. François Mitterrand, après en avoir bien apprécié les conséquences, a saisi l'occasion qui lui était donnée de durcir, d'une façon spectaculaire, son attitude.

Ce n'est donc pas l'événement majeur — l'invasion de l'Émirat par l'Irak — qui a provoqué la décision française d'un engagement significatif dans ce qui allait devenir une guerre, mais un événement mineur, le vulgaire *casse* d'un pavillon.

La réaction très brutale de Paris se justifiait au nom du sacro-saint respect du droit international. Saddam

Hussein n'avait-il pas commis là, juridiquement, un autre crime de lèse-souveraineté nationale ? Mais le cambriolage, par quelques soudards, de la résidence d'un ambassadeur en vacances n'était qu'anecdotique, voire ridicule, par rapport à l'acte de guerre déclenché contre le Koweït. La France a donc monté cet incident en épingle, parce qu'elle avait intérêt à le faire. Dans la vaste partie d'échecs qui s'engageait l'essentiel était d'exploiter la faute de l'adversaire. Ce que fit François Mitterrand. Il cherchait, depuis le début du mois d'août, à participer à la gestion d'une crise internationale qui, pour des raisons historiques, géographiques et militaires, le concernait peu. Saddam Hussein et ses soldats lui ont servi sur un plateau une apparente bonne raison d'intervenir.

Désormais, compte tenu de l'importance des troupes et du matériel français qui faisaient route vers l'Arabie Saoudite, la participation de la France à un possible conflit devenait inévitable. Or, dès les premiers jours de la crise, Mitterrand avait l'intuition qu'il y aurait la guerre. Le samedi 15 septembre, en annonçant les mesures prises en conseil restreint contre l'Irak, il a donc décidé implicitement de la prochaine entrée de la France en guerre.

Pourquoi cette volonté maintenant affirmée de participer à ce conflit ? Si en effet il ne s'agissait que de la défense du droit international, les votes de la France au Conseil de sécurité et sa participation symbolique à une force multinationale suffisaient. Mais François Mitterrand est convaincu que ce premier conflit de l'après-communisme, de l'après-Yalta, est déterminant pour la construction du « nouvel ordre mondial ». La France doit donc en être. Au nom du droit, mais surtout au nom de ce qu'elle entend continuer à assumer sur la scène internationale : sa réputation de grande puissance qui compte et pèse sur l'avenir du monde.

C'est là la vraie raison de son engagement. Et c'est pourquoi le vendredi 14 septembre, en Tchécoslova-quie, dans un pays qui symbolise la forte accélération de l'histoire, François Mitterrand a saisi le prétexte, « offert » par la bavure des soldats de Saddam, de jouer enfin l'un des premiers rôles. Les pacifistes jugeront cette démarche machiavélique et guerrière. Ceci est un autre débat qui, pour le chef de l'État français, ne se posait pas en ces termes. L'agression contre le Koweït justifiait la riposte, peu importe comment, par quels moyens la France allait imposer sa participation au futur conflit. Elle devait y être associée. Pour une question de standing international.

La hantise de Munich

Voilà donc le président de la République française revêtu des habits d'un chef de guerre. On l'imaginait mal déguisé de la sorte. C'était peu le connaître, lui et son histoire. Mitterrand, à la différence de ses « jeunes » camarades du Parti socialiste, est un homme de la Seconde Guerre mondiale. Il a vécu l'humiliation et la honte de Munich. A l'époque, âgé de vingt-quatre ans, il n'était pas encore entré en poli-tique, mais la leçon l'a marqué, comme elle a marqué toute sa génération. La crainte de participer un jour, par erreur d'appréciation, par laxisme ou absence coupable de discernement, à ce qui pourrait ressembler à un nouveau Munich a accompagné toute sa vie politique. Et sans doute y pensait-il le 2 août au matin ou le 14 septembre à Bratislava.

Cette hantise de Munich isole Mitterrand des socialistes plus jeunes. Eux n'ont connu que les guerres coloniales et leur éveil politique coïncide le plus souvent avec le rejet de ces conflits contre lesquels ils ont manifesté avec force. Par tradition et culture politique, la majorité des socialistes d'aujourd'hui est donc naturellement plutôt antimilitariste et, sinon proche des pacifistes, du moins pas farouchement opposée à leurs arguments. En revanche, et à cause de Munich, le rapport de Mitterrand à la guerre est très différent. Celle-ci n'est pas a priori un mal mais elle peut être, elle doit être un moyen pour imposer l'autorité de la France.

Jean-Pierre Chevènement écrit ces quelques lignes qui semblent s'adresser à Mitterrand * : « Au fond, je peux comprendre que ceux qui ont connu l'Empire colonial, l'Union française et vécu la Seconde Guerre mondiale n'aient pas réagi comme ceux dont la décolonisation a été l'acte de naissance à la vie politique. A chacun sa mémoire, l'essentiel est d'y rester fidèle. »

Dans sa vie de ministre puis de président, François

---

* In *Une certaine idée de la République m'amène à...*, de Jean-Pierre Chevènement, éd. Albin Michel.

Mitterrand rencontra la guerre, prit l'initiative de la soutenir ou de l'engager, quitte à confondre parfois l'ordre et la justice. Comme en 1954, alors ministre de l'Intérieur, quand il déclarait aux lendemains de la révolte des fellaga en Algérie : « La seule négociation, c'est la guerre. » Deux années plus tard, en pleine affaire du canal de Suez, il n'hésitait pas à recourir à des rapprochements pour le moins excessifs : « La mainmise nassérienne sur le canal, disait-il, ressemble à celle de l'Allemagne nazie sur la Tchécoslovaquie. »

Autre exemple, très différent mais révélateur de l'attitude et du jugement de François Mitterrand face à des faits qui s'apparentent à des actes de guerre : sa réaction après l'échec, le 25 avril 1980, de l'opération-commando lancée par Jimmy Carter sur le sol iranien, pour libérer par la force les otages américains. Au-delà des sarcasmes, la gauche française critiqua violemment l'opération et dénonça, avec des mots réflexes, l'impérialisme américain. François Mitterrand, premier secrétaire du Parti socialiste, seul à gauche, justifia quant à lui l'initiative de Carter : « Je n'ai entendu que des critiques, j'en émettrai moins. (...) Lorsque, pour quelque raison que ce soit, un pays étranger s'empare de concitoyens, de compatriotes — il s'agirait de Français, je réagirais comme cela — mon devoir est, par quelque moyen que j'aie à ma disposition, de les délivrer. »

Un an après son élection à la présidence, Mitterrand soutint avec détermination Margaret Thatcher dans le conflit des Malouines. Il fut ensuite à son tour plusieurs fois placé dans l'obligation d'engager une action militaire. Il le fit au Liban, en lançant l'opération Brochet sur la base pro-iranienne de Baalbek, pour répondre à l'attentat meurtrier contre le Drakkar, où cinquante-huit parachutistes français trouvèrent la mort le 23 octobre 1983. Mais surtout au Tchad, avec le déclenchement des opérations Manta ou Épervier. Et jamais, dans ces heures graves, il ne donna l'impression de fléchir. Intellectuellement préparé à recourir à des moyens que d'autres socialistes auraient condamnés et rejetés, le Président assume.

Ce calme qui préside chez lui à la prise de décisions aussi importantes que la guerre, j'ai pu le vérifier dans des circonstances que la coïncidence des choses rendit exceptionnelles. C'était le mercredi 7 janvier 1987, en fin d'après-midi. François Mitterrand me recevait dans son bureau de l'Élysée. Un entretien informel et *off* durant lequel le Président répondait à mes questions qui tournaient autour de sa délicate cohabitation avec le gouvernement de Jacques Chirac. Puis au milieu de l'entretien, j'interrogeai le chef de l'État sur les événements du Tchad et l'attitude de la France après le bombardement par les avions libyens de la localité de Arada située à 120 kilomètres au sud du 16ᵉ parallèle, la fameuse « Ligne rouge ». La réponse me fut livrée sur le ton de la confidence, chuchotée pour mieux faire comprendre qu'un tout petit pan de la raison d'État, et de son fonctionnement, s'ouvrait à moi. La voici, restituée de mémoire : « L'information est encore secrète. Elle ne sera communiquée à l'AFP que dans une dizaine de minutes, mais comme vous serez encore dans ce bureau je peux vous la livrer : la chasse française, composée de Jaguar et de Mirage de la force Épervier, fait route en ce moment vers le nord du Tchad. Son objectif est de détruire les installations radar de la base militaire de Ouadi-Doum, occupée par les Libyens. J'ai pris cette décision, après consultation du ministre de la Défense et du Premier ministre, il y a une demi-heure. » François Mitterrand poursuivit ses explications avec la volonté d'être clair, de présenter son rôle, sa responsabilité unique dans le déclenchement du processus de riposte. Un acte de guerre était, par lui, engagé, l'opération était en train de se dérouler, et le Président affichait une assurance et un calme impressionnants. Y avait-il chez lui une certaine fierté dans l'affirmation de la paternité de « la » décision ? Oui, à l'instant où il exposait les faits et sa charge, dans l'intonation des phrases, j'en fus convaincu. De la fierté. Pas du plaisir.

Le président de la République n'est pas un belliciste mais la guerre, même s'il fera tout pour l'éviter, n'est pas un acte à exclure. Il la connaît. Il sait qu'elle est parfois préférable à l'humiliation d'une fausse paix. Et il estime que le devoir du chef d'un État puissant est d'y recourir quand les responsabilités internationales du pays qu'il représente sont engagées. Comme ses prédécesseurs de la Vᵉ République, et avec plus de pugnacité et d'orgueil que Valéry Giscard d'Estaing, François Mitterrand refuse de considérer la France comme « une puissance politique moyenne », préoccupée de ses seuls intérêts économiques et de son classement au médiocre hit-parade des produits nationaux bruts. Lui place la barre plus haut. S'il est conscient que la France a perdu en influence, donc en puissance, il considère qu'elle a toujours un très grand rôle à jouer. Comme de Gaulle, Mitterrand est tout entier imprégné par le rang de la France, par son rayonnement international, par sa capacité à influer sur les grands événements. C'est cette « certaine idée de la France » si chère au Général qui le motive.

Bien qu'il soit agaçant de refaire l'histoire en changeant les données, on peut imaginer que, sous la présidence de Giscard, la France se serait sans doute engagée beaucoup moins loin dans la guerre du Golfe. Les considérations liées à la géopolitique l'auraient en effet emporté sur toutes les autres. François Mitterrand, par calcul, a rejeté ce qui apparemment semblait être de bonnes raisons pour limiter sa participation à un soutien au sein du Conseil de sécurité. La France, selon lui, devait être présente au tout premier plan. Car ce conflit, le premier de l'après-Yalta, allait ouvrir une nouvelle page de l'histoire dont la rédaction serait confiée aux États-Unis et aux autres puissances qui, avec intelligence, joueraient leurs cartes.

C'est ce que va faire Mitterrand. C'est à cette stratégie qu'il pensait dès le 2 août et davantage encore le 14 septembre quand Saddam Hussein et ses soldats gaffeurs lui ont livré l'argument incontestable pour se lancer dans la guerre. Le président de la République a donc choisi, au nom de la réputation de la France et en sa qualité de grande puissance, de s'engager. Ce conflit était essentiel. Il fallait en être. A tout prix. Avec son habileté, qui est grande, François Mitterrand réussira à convaincre ses interlocuteurs et une bonne partie de l'opinion qu'il n'y avait pas d'autre décision à prendre. Il ne manquait plus alors qu'une seule condition : réussir « sa » guerre.

Fut-ce le cas ? Certes, la France a récupéré ce à quoi la présence significative de ses soldats lui donnait droit : un petit bout de la victoire. Mais elle a aussi exposé aux yeux de ses alliés et du monde la grande faiblesse, en équipement et moyens, de son armée. Quant au terrain diplomatique, elle y livra sans cesse des batailles, souvent mal comprises par son grand partenaire américain, et n'y récolta que des échecs.

La question n'est donc pas de savoir si François Mitterrand a eu raison ou tort d'engager la France dans la guerre — ceci est affaire de principe —, mais de voir si elle en a tiré le bénéfice attendu, si son autorité sur le plan international en est ressortie grandie, si elle a préservé ou regagné ses galons de grande puissance, et si, comme cela fut dit pour justifier son entrée en guerre, elle aura désormais son mot à dire dans la construction du « nouvel ordre mondial ».

En prétendant jouer un rôle significatif dans le déroulement — puis le dénouement — du conflit, François Mitterrand se condamnait de fait à une obligation de résultats. N'a-t-il pas succombé à un péché d'orgueil ? Les faits de la guerre et de l'après-guerre répondent.

CHAPITRE 2

LE BAROUD DES ILLUSIONS PERDUES

Le *Clemenceau* n'est plus tout jeune. Trente ans. Malgré quelques petits problèmes cardiaques au niveau des turbines, le porte-avions amiral de la Royale ne fait pas son âge. Il a fière allure en ce dimanche 12 août, veille de son départ pour les eaux du Golfe. François Mitterrand a annoncé le jeudi précédent, une semaine jour pour jour après l'invasion du Koweït, qu'il venait de donner l'ordre d'appareiller. Le vieux lion de la flotte française a besoin d'un peu de temps pour se préparer et il en perdra davantage avant d'arriver dans la zone stratégique. Mais sa lenteur est souvent calculée, ses retards programmés par nos diplomates. Le *Clem* a l'habitude de ce genre de mission. Il y a quelques mois, il s'en était allé rugir et faire des ronds au large de Beyrouth. Le vieux navire, qui jamais dans sa longue carrière n'a livré le moindre combat, a en revanche plus d'une campagne diplomatique à son actif. Ce porte-avions est aussi porteur de discrets messages. Cette fois, celui que son pacha de l'Élysée entend faire passer est bruyant de sous-entendus : la France ne prend pas les choses à la légère, elle se prépare dès maintenant à intervenir dans le conflit, si conflit il devait y avoir. Or, François Mitterrand, on l'a dit, est convaincu que la guerre est inévitable. Ce dimanche 12 août, en chargeant les dernières tonnes de vivres et d'armements, le *Clemenceau* embarquait sur son pont et dans ses cales la certitude et la détermination élyséennes.

Un porte-avions n'est pas un bâtiment comme les autres. Il représente un petit bout du territoire national qui se déplace sur les mers. Sa puissance emblématique est donc extrêmement forte. Mais, au-delà du symbole, ce navire en lui-même n'est pas grand-chose, tout dépend de ce qu'il porte. Or, l'armement du *Clemenceau*, tel qu'il a été décidé en ce mois d'août d'avant-guerre, a fait ricaner les moqueurs, confirmé dans leur doute ceux qui ne croyaient pas à ce que François Mitterrand allait appeler dans quelques jours la « logique de guerre ». Car notre porte-avions, petit problème, ne porte, cette fois, aucun avion. Était-ce la preuve que toute cette agitation n'était que comédie ? Que la France et son Président emmenaient, sur le *Clem*, tout le monde en bateau ? Que ces savants froncements de sourcils et ces grandes déclarations toutes menaçantes n'étaient que rodomontades ? On l'a cru. On s'est demandé à quoi donc rimait cette mascarade. Un porte-avions sans avions, cela a un petit côté blagueur. C'est un canon sans obus, un char sans tourelle, un fusil sans gâchette. Une dissuasion sans armement dissuasif. Et les moqueurs se sont trompés.

Car l'armement du *Clemenceau* était au contraire

intelligemment stratégique. En décidant qu'il serait composé d'une quarantaine d'hélicoptères de la Force d'action rapide, l'une des composantes essentielles de l'armée de terre, l'état-major français a d'emblée, dès ce début du mois d'août, montré que l'intervention de nos soldats se ferait sur le terrain des futures opérations. C'était là l'autre message embarqué à bord du *Clem*. Non seulement la France signifiait symboliquement son engagement, mais elle en révélait la nature. Son armée de terre, donc armée au sol, allait intervenir. Et la spécialité de la FAR étant la « destruction des forces vives blindées ennemies », l'affrontement serait direct. Difficile de faire passer une détermination plus forte.

Mitterrand, cinq mois avant le déclenchement des opérations, prépare déjà l'entrée en guerre. C'est son choix. Un choix rapide qui, grâce à l'importance de l'équipage du *Clemenceau*, situe la France, en nombre d'hommes, à un bon niveau parmi les puissances qui s'apprêtent à s'engager militairement dans l'hypothétique conflit. Une fois le dernier soldat envoyé dans la région du Golfe, l'armée française comptera sur le terrain 10 000 hommes, 10 Mirage 2000, 23 Mirage F1, 24 Jaguar, 100 hélicoptères Gazelle, 20 Puma, 40 chars AMX 30, 96 AMX 10, et 156 transports de troupes. A cette armée des sables s'ajoutent les effectifs de la base de Djibouti et 12 navires croisant dans les eaux de la future zone de combat.

Cette course à la présence militaire n'est pas anecdotique. Mitterrand, depuis le début de la crise, sait que les États-Unis vont intervenir. Il n'est pas dans le secret d'une décision qui sera prise beaucoup plus tard par Washington, mais sa conviction est tout entière fondée sur une analyse. Un nouvel ordre mondial va succéder rapidement à l'ancien, basé sur l'affrontement Est-Ouest. L'Amérique, c'est une évidence, en sera le premier des maîtres d'œuvre. Elle sera donc condamnée à intervenir, au nom de la construction de ce nouvel ordre axé sur le respect du droit international, dès qu'un conflit menacera une région du monde. L'acte de piraterie de Saddam Hussein sur le Koweït est si caractéristique que la question ne se pose même pas : les États-Unis, s'ils entendent jouer ce rôle de tout premier plan, sont forcés d'agir. Convaincu de cette nécessaire intervention et motivé par une opération à quoi la belle cause du droit oblige, François Mitterrand décide de suivre militairement Washington et de s'imposer comme l'un des alliés les plus déterminés.

La stratégie suivie par la France est en apparence très simple. Elle sera compliquée par la volonté de ne jamais donner l'impression d'être trop alignée sur les États-Unis. L'attitude du président de la République consistera, pendant le déroulement de la crise, à concilier une solidarité très forte avec l'Amérique et une viscérale volonté d'indépendance. L'exercice est par définition difficile. Il peut être tenté et réussi, à condition de ne pas se réduire à un exercice d'équilibre hésitant. François Mitterrand, en voulant trop manœuvrer, a laissé croire qu'il ne savait pas, ou ne voulait pas choisir. Pourtant sa décision était prise aux premiers jours et confirmée dans les faits quelques semaines après le 2 août : il se rangeait aux côtés de George Bush. Mais, sans cesse, surgiront des petites phrases ou des comportements qui contrarieront et affaibliront son engagement. Au lieu d'apparaître comme un allié solide, puisque tels étaient la volonté du chef de l'État et le résultat de ses calculs, la France a donné l'impression qu'elle tergiversait, qu'elle agissait tantôt de concert avec ses partenaires, tantôt pour son propre compte. Bien menée, l'ambiguïté peut certes porter ses fruits. Après tout, libre à la France de conserver une approche originale des événements, de ne pas bêtement marcher dans les pas de Washington. Mais cette démarche, très fine, implique une certaine cohérence. Or la France, pour faire croire qu'elle conservait son libre arbitre, s'est contredite sur le terrain où la contradiction est par définition dangereuse et grave. Sur le terrain militaire.

Volte-face et gros mensonges

Tout a commencé avec la question importante de savoir sous quelle autorité, sous quel commandement seraient placées les troupes françaises dans l'hypothèse d'un déclenchement du conflit. Lors de sa première conférence de presse, celle du 9 août, François Mitterrand a mis en avant un grand principe, celui de l'indépendance d'action et d'esprit : « Toute agression nouvelle pourrait amener la France à intervenir, mais nous le ferions à notre façon, sous notre propre commandement. »

Pas question donc de ranger nos troupes sous une

autorité internationale. Et surtout pas de les placer sous commandement américain. C'est ce qu'a voulu dire le Président, soucieux de montrer qu'il était certes solidaire de la communauté internationale et en phase avec Washington, mais qu'il conservait sa liberté totale, y compris sur le plan militaire.

Quelques semaines plus tard, François Mitterrand abandonnera sa position. Le 18 septembre, au palais des Rois de Bavière, lors de son déplacement officiel en Allemagne et après l'acte d'agression commis contre la résidence de l'ambassadeur de France au Koweït, il décide de placer les troupes françaises... sous le commandement américain. La décision, qui n'est d'ailleurs pas annoncée clairement par le Président, ne surprend personne. Il paraissait, en effet, invraisemblable et farfelu que la France s'engageât sans rien concéder au niveau de son commandement, dans un conflit dominé par la présence des États-Unis. Mais pourquoi ne pas avoir admis et reconnu plus tôt ce qui était, pour tout le monde, y compris pour l'opinion publique française, une évidence ? François Mitterrand est président de la République et à ce titre chef des armées. Or, c'est le président et le chef des armées qui, le 9 août, annonçait que nos troupes interviendraient « sous notre propre commandement ». Ces mots-là ne sont pas rien. Ils sont forts et engagent, en théorie, leur auteur. Même dans ces circonstances exceptionnelles, François Mitterrand se sent donc libre de reprendre ses paroles, d'annoncer une chose sans pour cela estimer qu'il est ainsi tenu par ce qu'il a déclaré. Jamais il n'accepte de se placer dans la situation de se justifier, de rendre des comptes. C'est là sa façon, royale, condescendante mais admise, d'agir, et il continuera, durant toute cette crise, à ne rien changer à sa conduite ni à ses méthodes.

Les volte-face de la pensée présidentielle ne nous étonnent pas. Ou plutôt ne nous étonnent plus. François Mitterrand nous a depuis longtemps habitués à ces changements d'attitude et d'avis, à ces sinuosités qui suivent un habile et complexe parcours stratégique. Cette pratique est devenue tellement courante que le Président n'a même plus besoin d'expliquer pourquoi, finalement, tout bien réfléchi, il fera le contraire de ce qu'il avait annoncé. Car il n'est pas jugé sur la logique de son action et de ses décisions, mais sur ses capacités à naviguer entre les obstacles, à indiquer de fausses pistes pour plus tard mieux choisir la bonne, à concilier ce qui paraît contradictoire.

Seul problème cette fois, l'affaire n'est pas franco-française. C'est sur la grande scène mondiale que se joue le drame, et les acteurs ou le public ne connaissent rien au jeu subtil de François Mitterrand. Quand celui-ci dit quelque chose, il est cru pour ce qu'il dit. Et quand il change d'avis sans estimer nécessaire d'expliquer pourquoi, le monde-spectateur a du mal à le suivre. Cette fois pourtant les alliés et les États-Unis ont de quoi être satisfaits : le revirement de Mitterrand va, selon eux, dans le bon sens. Reste que ce président, qui fait le contraire de ce qu'il dit, déconcerte et inquiète. Est-il bien cet allié fidèle et solide qu'il prétend être ? Faut-il croire un chef d'État qui s'engage dans la guerre flanqué d'un ministre de la Défense farouchement, publiquement et sincèrement opposé à toute intervention française dans le conflit? Les alliés s'interrogent et, faute de savoir comment depuis toujours Mitterrand exerce le pouvoir, ils n'ont pas fini de se poser des questions.

Ainsi ne pouvaient-ils deviner que la petite phrase du 9 août — « sous notre propre commandement » — était à destination de ceux, au sein du Parti socialiste, qui voyaient d'un mauvais œil la France s'engager et se ranger derrière les États-Unis. François Mitterrand, il faut toujours l'avoir présent à l'esprit, pensait dès le mois d'août que la guerre était inévitable. Il savait qu'il n'y avait pas de demi-mesure possible. Que si la France s'engageait, elle le ferait sous le commandement de Washington. C'était une évidence imposée par la supériorité numérique des troupes américaines. Le président de la République a donc, en toute connaissance de cause, fait un gros mensonge, histoire de rassurer une partie des troupes socialistes, Chevènement en tête. Puis il a une nouvelle fois tout misé sur le temps qui, la tension internationale montant, imposerait un durcissement de son attitude.

Cette avancée en crabe, toujours de travers, sans jamais trancher entre les contradictions, reste, malgré la gravité de l'heure, la meilleure façon de marcher de François Mitterrand. C'est là sa méthode favorite. Et les risques de guerre n'y changeront rien. Résultat : même Michel Rocard, qui demeure, sur cette affaire, dans le sillage de l'Élysée, y perd parfois son latin. Alors que le scénario était décidé dans la tête du Président, et l'engagement des troupes françaises envisagé, le Premier ministre, en route vers le Japon, déclarait le 10 novembre à Singapour : « Si l'enlisement menace, une issue militaire peut se trouver déclenchée (...). C'est possible, ce n'est pas souhaitable et ce n'est en tout cas pas l'orientation de la diplomatie de mon pays. »

François Mitterrand laisse les cartes se mélanger et s'arrange d'une situation confuse qui, en fait, le sert. S'il a décidé de participer au conflit, il ne veut pas apparaître comme un va-t-en-guerre ou un féal de Washington. Un homme, indirectement, va l'aider : Jean-Pierre Chevènement.

Le ministre prisonnier

Le mardi 21 août, l'agence France-Presse reproduit les déclarations d'un mystérieux haut dignitaire « très préoccupé par la possibilité d'une attaque contre l'Irak ». Tout le monde reconnaît alors Jean-Pierre Chevènement. Le ministre de la Défense n'a pas envie de devenir ministre de la Guerre, du moins de cette guerre-là, qu'il juge suspecte et contraire à l'influence diplomatique de la France auprès des pays arabes. C'est son droit et il le dit. Le 14 septembre, invité de Jean-Pierre Elkabbach sur Europe 1, il va un peu plus loin et condamne toute intervention — « il n'y a pas aujourd'hui de bases juridiques pour une intervention militaire contre l'Irak » — et lance le fameux chiffre des 100 000 morts qui glace les auditeurs. Pendant toute la durée de la crise, Jean-Pierre

Chevènement laissera entendre qu'il n'est pas d'accord avec la politique suivie par l'Élysée. Au nom de son principe, « un ministre ça ferme sa gueule ou ça démissionne », principe qu'il s'est déjà appliqué à lui-même, il proposera à différentes reprises au Président de quitter le gouvernement. Chaque fois, Mitterrand refusera.

La logique et la clarté, que la gravité extrême des circonstances impose, auraient voulu que le chef de l'État acceptât. A quoi rime, en effet, d'engager un pays dans une guerre si le ministre en charge des armées, lui, est, par principe et par conviction, farouchement opposé et passe son temps à le sous-entendre ? Pour la cohésion et le moral des troupes, l'effet est détestable. Vis-à-vis de l'opinion publique, logiquement inquiète des conséquences d'un conflit, l'attitude de Chevènement, fût-elle franche et sincère, est troublante. Quant à nos partenaires, engagés à nos côtés dans la coalition anti-Saddam Hussein, autant dire qu'ils ne comprennent rien à cette penaude et invraisemblable mascarade.

François Mitterrand persiste à s'accommoder d'une situation qui, outre sa cruauté à l'endroit du malheureux ministre de la Défense condamné à engloutir des couleuvres, donne une image incohérente de sa politique. Il persiste car les prises de position et la réputation de Chevènement lui permettent d'afficher une certaine forme d'indépendance, de faire croire à l'Irak, aux Palestiniens de l'OLP mais aussi aux pays du Maghreb, que la France continue à jouer un rôle original, qu'elle reste libre de ses mouvements et de ses décisions, que certes elle s'est rangée dans le camp des Américains, mais pas complètement. La preuve : elle garde à la tête de son ministère de la Défense un homme qui est à cent pour cent favorable à une solution interarabe, un homme qui, le 7 février 1990, a déclaré à un journal irakien que « le président Saddam a une pensée claire et intéressante qui le qualifie pour conduire son peuple vers la paix ». Pour Mitterrand, Chevènement est une caution pratique, une sorte d'alibi qui marque l'originalité de la France dans sa gestion, intellectuellement brillante, de la crise.

François Mitterrand se comporte ainsi comme il s'est toujours comporté en politique : il se laisse la possibilité de jouer sur plusieurs tableaux à la fois. Une critique qu'il rejettera avec force. « La France, dira-t-il à maintes reprises, s'est engagée clairement auprès des alliés pour la défense du droit. » L'engagement est incontestable mais il n'est pas aussi clair que le prétend le Président. Mitterrand persiste et garde Chevènement jusqu'au bout. Jusqu'à la guerre.

Le monde assiste, à la mi-janvier 1991, à une chose incroyable, unique dans toute l'histoire du monde moderne. Un pays, la France, entre dans une guerre, celle du Golfe, flanqué d'un général en chef, Chevènement, qui est contre le principe de cette guerre et en désaccord avec le chef suprême des armées, Mitterrand. Les circonstances seraient moins dramatiques, elles porteraient à rire tant la farce est cocasse. Les alliés, eux, grimacent.

Le comble de l'incohérence éclate le 17 janvier, au lendemain matin du premier bombardement. Jean-Pierre Chevènement tient sa première conférence de guerre. Les douze Jaguar français viennent de rentrer de leur mission sur Koweït City. Quatre des appareils ont été touchés, l'un des pilotes est blessé. Interrogé sur le rôle précis que jouent, et joueront, nos avions et nos troupes dans l'opération Desert Storm, le ministre se montre catégorique : « L'objectif des forces françaises est de s'attaquer au Koweït* et seulement au Koweït. » Le sous-entendu, bruyant, est double : un, il signifie que la France n'interviendra pas en Irak ; deux, il laisse croire que Paris se désolidarise de l'intervention des bombardiers américains et anglais au-dessus de Bagdad.

Jean-Pierre Chevènement a le droit de penser ce qu'il veut. Mais la France est en guerre. Elle s'est placée sous le commandement américain. Et les propos officiels du ministre apparaissent pour ce qu'ils sont : incohérents et inacceptables. Est-ce de sa faute ? Oui, parce qu'il est toujours ministre en exercice. Non, parce qu'il est maintenu de force à un poste qu'il refuse d'occuper. François Mitterrand, en voulant garder, malgré le commencement de la guerre, Chevènement comme garantie d'indépendance et d'originalité, est le premier responsable de cette situation ubuesque. D'autant qu'il va continuer à couvrir son ministre.

Dès le lendemain, le 18 janvier, le chef d'état-major des armées, le général Schmitt, rectifie et précise que les opérations en Irak, ou au-dessus de l'Irak, ne sont pas exclues. Jean-Pierre Chevènement, de son côté, revient sur ce qu'il a trop vite dit. Le 20, François

---

* C'est-à-dire aux militaires irakiens présents au Koweït.

Mitterrand est à la télévision. Le chef de l'État a l'occasion de mettre les choses au point, de se montrer autoritaire comme la situation le permet et l'exige. Or, il tergiverse, minimise et nie le moindre désaccord entre lui et le ministre de la Défense. Tout porte à croire que le président de la République estime que Chevènement, par sa présence au gouvernement, peut et doit encore lui servir à transmettre son message compliqué en direction du monde arabe. Et tant pis si personne ne comprend rien à ce jeu si étrange, si les Américains doutent de la détermination réelle de la France et de sa fiabilité, si la presse anglaise, le *Times* en tête, se moque et ironise, si les soldats français s'interrogent et si l'opinion publique n'arrive plus à s'y retrouver : François Mitterrand se refuse à congédier son ministre.

Ce n'est certes pas la première fois que Mitterrand conserve près de lui une personnalité contestée ou critiquée. On le sait reconnaissant envers les compagnons de route qui l'ont aidé à gagner le pouvoir. Jean-Pierre Chevènement est de ceux-là. Sa franchise et sa force de caractère ne sont pas non plus pour déplaire au Président. Mais la fidélité et le respect réel qu'il éprouve pour le fondateur du CERES n'ont ici rien à voir. En dépit de la guerre déclarée et du refus de Chevènement de la faire, Mitterrand estime qu'il est pratique et habile de le maintenir à ses côtés. Outre que cette présence symbolise le particularisme complexe de l'engagement de la France dans le conflit, elle réduit, en même temps, les reproches d'une partie de l'opinion de gauche qui juge sa politique trop liée aux Américains. Le Président considère qu'il est plus intelligent, et plus prudent, d'avoir Chevènement avec lui que contre lui. Non pas pour le condamner au silence — le ministre de la Défense est un véritable homme d'État, il se sentirait donc investi d'un devoir de réserve s'il quittait le gouvernement —, mais pour empêcher ses partisans ou sympathisants de critiquer l'attitude « guerrière » et « alignée » de la France. En vertu de toutes ces raisons, résultat de ses habituels et très fins calculs politiques, Mitterrand aurait souhaité avoir auprès de lui son impétueux ministre de la Défense pendant toute la durée de la guerre. Mais c'est Chevènement qui tranchera. Et son départ sera un échec au plan savant du Président.

Le mardi 29 janvier 1991, à 10 h 30, le ministre de la Défense démissionne. La lettre qu'il présente au chef de l'État est argumentée ; sèche : « Aux raisons de fond que je vous ai exposées début décembre, il me semble que les événements donnent aujourd'hui toute leur force. J'ajoute que la logique de guerre risque de nous éloigner chaque jour des objectifs fixés par les Nations unies. » La référence à la fameuse « logique de guerre », expression lancée par le Président dès le mois d'août, résonne comme une condamnation globale de la politique conduite par l'Élysée depuis le début de la crise. Tout le semblant de consensus que François Mitterrand a tenté de fabriquer, au prix du maintien à son poste d'un ministre de la Défense récalcitrant à ses décisions, éclate. Au pire moment. En pleine guerre. François Mitterrand perd en Chevènement l'un de ses atouts.

Les péchés du Prince

L'ambiguïté, les calculs, les faux-semblants n'auront donc servi à rien, sinon à entretenir, face aux partenaires de la coalition, l'image d'un pays qui ne sait pas ce qu'il veut.

« Cet acte était la conclusion logique de six mois de désaccord », écrit Jean-Pierre Chevènement *.

Quarante-huit heures trop tôt

Pourtant, la France va « bien » faire la guerre. Ses soldats vont se battre avec courage et efficacité. Pierre Joxe, le nouveau ministre de la Défense, sera parfait dans sa fonction. François Mitterrand assumera, non sans un certain panache et parfois — on croit le deviner — une pointe d'orgueil, sa lourde charge de chef de guerre. Mais un je-ne-sais-quoi de suspicion demeure. La bravoure sur le terrain n'efface pas les longs mois qui ont précédé l'engagement des soldats français et leur impeccable respect du commandement US. Ainsi, quand François Mitterrand, aux lendemains du déclenchement de l'attaque terrestre, est le premier des chefs d'État de la coalition à dire, haut et fort, qu'il n'est pas question pour les troupes française d'aller à Bagdad — « je n'engagerais pas la France dans une guerre des villes » —, il donne l'impression de parler trop vite, de marquer une nouvelle fois sa différence sans consulter au préalable ses partenaires. Pourtant Mitterrand a, sur le principe et

* In *Une certaine idée de la République m'amène à..., op. cit.*

en droit, raison. L'ONU n'a pas donné mandat de prendre Bagdad et de détruire la capitale irakienne. Une poursuite des combats et une guerre urbaine auraient augmenté le nombre des morts et frappé cruellement la population civile. Reste que la participation à un conflit international impose un minimum de concertation entre ceux qui le conduisent. Encore une fois le chef d'État français a eu raison sur le fond. Tellement raison que George Bush lui a emboîté le pas dès le lendemain de sa déclaration et accéléré la décision d'arrêter la guerre. Mais, d'un point de vue militaire, quel est le résultat de cette décision ?

Personne, hormis quelques bellicistes fêlés, ne souhaitait que les combats gagnent les rues de Bagdad. Était-ce pour autant faire preuve de bonne stratégie militaire que de claironner sur les toits du monde un interdit qui faisait l'unanimité chez les alliés ? Était-il indispensable de prévenir gentiment Saddam Hussein qu'il ne devait pas trop s'inquiéter quant à la suite des événements ? Que les troupes de la coalition, dans leur grande mansuétude, ne forceraient pas la victoire jusqu'au bout, jusqu'à sa chute ? Le raïs irakien était battu, son armée dispersée, sa Garde républicaine en voie de liquidation. Il ne manquait que quelques jours de combats — quelques heures ? — pour que la défaite fût totale. Le général Schwarzkopf l'a lui-même reconnu : quarante-huit heures de plus et le régime de Saddam tombait.

François Mitterrand a eu la satisfaction de voir sa ferme recommandation suivie d'effet. Mais cet arrêt prématuré de la guerre, salué par tous, a entraîné de graves conséquences. Saddam, épargné par les alliés et sauvé par un coup de gong prématuré dans le dernier round, a gardé le pouvoir, sauvé une partie de son potentiel militaire et massacré sans sourciller la population kurde. Qu'elle paraissait triste et cruellement absurde la victoire, un mois après son jour de fausse gloire !

Il ne s'agit pas ici d'essayer de démontrer que le président français est responsable d'un cessez-le-feu trop hâtif et aux répercussions dramatiques. D'un point de vue juridique et humanitaire, sa position était irréprochable. Quand le monde a assisté, plus tard aux massacres des Kurdes, la France a joliment montré l'exemple en imposant le fameux droit d'ingérence, si cher à Bernard Kouchner. Mais c'est militairement et au niveau stratégique que l'interdiction lancée par Mitterrand — pas question de marcher sur Bagdad — reste contestable. La menace aurait dû être maintenue jusqu'aux dernières heures, pour faire tomber Saddam, pour montrer que la détermination et la cohésion des alliés étaient fortes et sans faille. Or, Mitterrand a voulu apparaître comme un chef d'État-chef de guerre différent des autres et montrer que sa façon à lui de mener et de clore le combat était plus juste, davantage réfléchie et respectueuse du droit. Peut-être y avait-il, au-delà de la continuelle recherche d'un positionnement original, beaucoup de sincérité. Mitterrand n'est pas un dangereux jusqu'au-boutiste. Cette guerre, il souhaitait bien sûr qu'elle s'arrêtât. Mais c'est un fait, marqué par des séquelles sanglantes : elle s'est terminée trop vite. Juste un peu trop vite. C'est ce que souhaitait Mitterrand. C'est ce qu'a décidé Bush. L'un et l'autre ont commis, en dépit de la victoire, une erreur d'appréciation.

Les opinions publiques ont rapidement effacé les peurs et les fautes. Un succès militaire ne se chipote pas. Surtout quand on collectionne, aux États-Unis comme en France, depuis longtemps, les défaites. Oubliés le Viêt-nam, l'Algérie, la Corée, l'Indochine et Suez. A New York sur la 5e Avenue, à Paris sur les Champs-Élysées, on défila. Mais si le « bénéfice » est éclatant pour l'Amérique, sacrée gardienne de l'ordre et de l'équilibre du monde, il est moindre pour la France. Certes, elle a prouvé sa détermination, ses capacités à s'engager, son attachement au droit international, sa bravoure, aussi, sur le terrain des opérations. Tout cela est loin d'être négligeable et compte sur la scène internationale. Mais n'a-t-elle pas montré, en même temps, sa grande et troublante faiblesse en équipement militaire ? Le porte-avions *Clemenceau* a toujours de l'allure, mais il date un peu. Les vieux Jaguar sont sans doute de bons appareils mais, petit problème, ils ne peuvent voler de nuit. Et le reste des matériels engagés n'a pas vraiment impressionné, c'est le moins que l'on puisse dire. Le monde entier, et les Français, ont donc découvert que la France n'était plus une grande puissance militaire, que son arsenal était en décalage avec sa réputation et ses ambitions internationales. Une révélation qui risque, à terme, d'avoir des conséquences sur les choix et les préférences des quelques pays africains, signataires d'accords d'assistance militaire avec Paris.

Le poids d'une guerre sur la promotion du matériel et l'image de la nation qui la gagne est, en effet, considérable. Or l'Amérique, et uniquement l'Amérique, a fait la démonstration spectaculaire de sa force. Elle est la seule puissance militaire capable de garantir la sécurité d'un pays qui se placerait sous sa haute et rassurante protection. La France, elle, n'est plus, en ce domaine, qu'une bonne et courageuse figurante.

Cette guerre, pourtant elle la fit. Mais à sa manière, celle de François Mitterrand. Avec des subtilités qui, souvent, échappèrent à ses partenaires. Son engagement dans la bataille ne souffrit aucun reproche. En revanche, la stratégie suivie par le chef de l'État resta incomprise et fut jugée parfois suspecte. S'il décida très vite d'appuyer fermement Washington dans le domaine militaire et de voter toutes les résolutions de l'ONU, le chef de l'État continua jusqu'au bout à mener une intense activité diplomatique. C'était là son double choix : affirmation claire de sa solidarité et poursuite de la recherche d'une solution à la crise. La France jouait donc le jeu, auprès de l'Amérique et dans le strict cadre onusien, mais s'appuyait sur cette solidarité déclarée pour garder sa liberté de manœuvre. Plus elle soutiendrait Washington et afficherait sa détermination au sein du Conseil de sécurité, moins elle risquerait de se voir reprocher d'agir dans son coin. Comment les alliés pourraient-ils critiquer une France qui, sur le terrain, est prête à s'exposer, qui applaudit George Bush dès qu'il parle un peu fort et soutient avec conviction et autorité toutes les décisions de l'ONU ? Comment oser reprocher à François Mitterrand de faire cavalier seul alors que ses troupes, déployées dans le Golfe sont, derrière l'Amérique, parmi les plus importantes et les plus exposées ? La stratégie de Mitterrand — soutenir à fond la coalition pour pouvoir mieux agir — aurait pu se révéler efficace. A deux conditions.

La première : que ce subtil comportement fût bien compris par les alliés et par l'ensemble de la communauté internationale. Ce ne fut pas du tout le cas.

La seconde : que tout cela servît à quelque chose. Or, la France n'enregistrera que des échecs.

REVERS ET TORTICOLIS DE LA DIPLOMATIE

« La France a aujourd'hui amassé un capital politique et diplomatique qui servira quand viendra le moment de faire la paix. Elle sera assise à la table du règlement. Elle y fera entendre sa voix. » Ainsi parle Roland Dumas le dimanche 10 février 1991 *.

La France est alors en guerre, ses avions participent aux raids aériens contre les positions irakiennes au Koweït et ses soldats se préparent à l'assaut terrestre. Le ministre des Affaires étrangères répond, dans le *Journal du Dimanche*, aux critiques de plus en plus nombreuses, lui reprochant de jouer sur plusieurs tableaux à la fois. Avec habileté — Roland Dumas n'en manque pas —, il réfute l'accusation. La France a agi comme elle devait agir. Ses détracteurs ont, sur les choses, « une optique de myope ». Ils ne comprennent rien, refusent de voir que, sur le long terme, tout cela sera payant. Diplomatiquement, la France a tout tenté et, militairement, elle a su s'enga-

---

* Interview au *Journal du Dimanche*, recueillie par Christian Sauvage et l'auteur.

ger avec courage. « Pouvait-elle ne rien faire, poursuit le ministre lors de cet entretien, et considérer, en dépit de sa qualité de membre permanent du Conseil de sécurité, de ses responsabilités dans le monde, de son combat au service du droit, qu'elle pouvait s'abstenir ou attendre ? » Non. Donc la France participe au conflit mais place la barre très haut, en s'imposant une obligation de résultats. Si elle fait la guerre, si elle s'active sur le terrain diplomatique, c'est pour en récolter plus tard, une fois la paix revenue, les fruits. « Elle sera assise à la table des négociations », dit le ministre des Affaires étrangères qui, par cette phrase importante et ambitieuse, justifie et explique la finalité des savantes et complexes initiatives diplomatiques menées tout au long des derniers mois. Or, la France ne sera pas présente à la conférence pour la paix au Proche-Orient qui s'ouvre à Madrid en novembre 1991.

Elle n'est pas la seule parmi les grandes absentes. La Grande-Bretagne, qui a pris une part active au conflit, n'est pas là non plus. Mais, petite différence essentielle, Londres n'a jamais prétendu jouer un rôle de premier plan aux lendemains de la guerre. La France, elle, a basé toute sa politique et son engagement dans le conflit du Golfe sur cette future participation aux discussions de paix. « Elle fera entendre sa voix » et, en même temps, confortera sa réputation de puissance qui compte. C'était là l'enjeu, le pari orgueilleux. Et perdu.

Consolation ou excuse, l'Europe est à Madrid lors des premières séances d'ouverture. Donc la France, indirectement, comme la Grande-Bretagne, est représentée. C'est l'argument, de défense, du Quai d'Orsay, mais il est faible. Parce que l'Europe n'a qu'une toute petite place dans cette conférence ; sur un strapontin, au fond de la salle, dans les rangs des observateurs. Parce que l'Europe a fait preuve d'un tel mutisme pendant toute la crise internationale, d'une telle invraisemblable absence, que sa présence ici ne signifie rien ; elle est là comme une vieille tante un peu sourde invitée, par habitude, à un repas de famille et reléguée en bout de table. Parce que l'Europe enfin n'a aucun mandat politique ou diplomatique, elle ne dispose d'aucune délégation de pouvoir, bref elle ne sert à rien, pas même d'alibi.

Échec donc de la diplomatie française. Personne ne la désignerait aujourd'hui du doigt si elle n'avait eu l'imprudence de claironner ses prétentions futures. Si elle s'était montrée efficace plutôt que fanfaronne. Si ses tentatives, rarement heureuses, avaient contribué à débloquer la situation au lieu de la compliquer davantage.

François Mitterrand, on l'a dit, est entré dans ce conflit avec deux objectifs liés : la défense du droit international et la préservation de l'autorité de la France ; le premier au service du second. Toute sa stratégie consistait à rechercher des solutions diplomatiques pour prouver que la France était capable de contribuer au règlement de la crise. Souvent, il indiqua des voies nouvelles et fut à l'origine de changements d'attitude de la communauté internationale. Mais il donna sans cesse l'impression d'agir de manière isolée, sans consulter au préalable ses partenaires. Ce fut notamment le cas le 24 septembre 1990 lors de son discours de l'ONU. L'intervention du chef d'État français était annoncée comme « historique », et elle eut effectivement une grande résonance, mais elle suscita aussi l'inquiétude des États-Unis, preuve que leur confiance dans la fermeté de Paris était limitée.

Que dit François Mitterrand ce 24 septembre ? Trois choses que le monde, et Saddam Hussein, n'avaient pas encore entendues.

Premièrement. « Que l'Irak affirme son intention de retirer ses troupes, qu'il libère les otages, et tout devient possible. » Depuis le début de la crise, l'ONU, l'Amérique et ses alliés se refusaient à envisager la moindre concession. Le chef de l'État français est à l'origine de la première.

Deuxièmement. « Le Conseil de sécurité pourrait contrôler le retrait militaire de l'Irak et la restitution de la souveraineté du Koweït (...) dans l'expression démocratique des choix du peuple koweïtien. » François Mitterrand laisse donc entendre que le rétablissement de la souveraineté du Koweït serait conditionnelle. Certes la « condition » est noble puisqu'elle se réfère à « l'expression démocratique » des Koweïtiens. Mais elle signifie que le retour au pouvoir de l'émir Jaber pourrait être remis en cause, que son maintien aux affaires — problème strictement interne au pays — n'était pas un principe indiscutable. L'Émir a montré, surtout depuis la fin de la guerre, qu'il n'était pas le plus grand des démocrates. Reste que François Mitterrand émet une réserve qui, de fait, ébranle la solidarité internationale et trouble les chefs d'État arabes pas vraiment convaincus des jolies vertus de la démocratie.

Troisièmement. « Viendra alors le moment de substituer aux affrontements qui meurtrissent le Proche-Orient une dynamique de bon voisinage dans la sécurité et la paix pour chacun. » Et François Mitterrand évoque le drame des Palestiniens « en proie à la désespérance et tentés par toutes les aventures pour satisfaire leur légitime aspiration à une patrie ». Les mots de « conférence internationale » ne sont pas prononcés mais le lien est établi entre le règlement de la crise et l'établissement de la paix dans toute la région.

Le président de la République aura la satisfaction d'être suivi, quelques jours plus tard, par George Bush sur sa troisième proposition. La première fera aussi son chemin. Seule la deuxième restera oubliée. François Mitterrand aura été précurseur, mais la façon dont il se comporta fut jugée contestable. Tout entier préoccupé par la nécessité de démontrer les capacités d'intelligence, d'innovation, de rayonnement et d'ingéniosité de la diplomatie française, il succomba aux tentations du *happening* et de l'effet d'annonce. L'heure était à l'engagement collectif, à la concertation mutuelle entre les puissances alliées engagées dans l'épreuve de force la plus dangereuse depuis la Seconde Guerre mondiale. Toute initiative non concertée risquait d'être interprétée comme un signe de défaillance de la rare et fragile cohésion internationale — surtout quand ces initiatives étaient lancées du haut de la tribune de l'ONU —, mais Mitterrand poursuivit dans cette voie étroite et risquée.

Même si la France jamais ne baissa les bras et n'envisagea de se dérober à l'approche de la guerre, elle apparut comme l'éternel maillon faible. Et pour Saddam Hussein, et pour les alliés. La volonté farouche du président de la République français d'exister dans cette crise et de prétendre en dénouer les fils, le conduisit à frôler l'ambiguïté. Au risque s'il échouait, et il échoua, d'obtenir l'inverse de ce qu'il recherchait : une confirmation de la faible autorité internationale de la France.

Le « cadeau » de Saddam

Dans la nuit du dimanche 30 octobre, à 0 h 05, l'avion d'Irak-Airways qui transporte à son bord les otages français détenus en Irak, atterrit à Roissy. La libération des autres otages occidentaux, britanniques et américains, n'interviendra que cinq semaines plus tard, le 6 décembre. « Il s'agit d'une décision unilatérale de l'Irak que la France n'a ni cherché à négocier ni souhaitée », dira le Premier ministre, Michel Rocard. Cette déclaration maladroite — le « ni souhaitée » étant de trop — témoigne de l'embarras de Paris. Car les alliés ont des soupçons. La presse anglaise, vieille habitude, se déchaîne contre les Français qui, selon elle, auraient négocié cette solution prématurée. Calomnie ? Manœuvre de Saddam Hussein pour briser le bloc des coalisés ? Peu importe. Le fait est qu'il y a suspicion et que la France s'est mise dans la situation d'être suspectée.

Sans doute était-il habile de la part de Bagdad de laisser croire que Paris avait rompu la solidarité alliée ; d'où la petite phrase assassine du ministre irakien des Affaires étrangères, Tarek Aziz, qui évoque les « efforts de la France ». De même, Yasser Arafat avait-il intérêt à déclarer, le 31 octobre à Tunis, à Thierry de Beaucé : « J'ai fait du bon travail pour la France, n'est-ce pas ? » Mais pourquoi Claude Cheysson, interrogé sur le rôle qu'il aurait pu jouer dans cette libération lors de ces missions officieuses, a-t-il répondu : « Je ne nie rien du tout » ? Provocation, fréquente chez l'ancien ministre des Relations extérieures, ou franchise abrupte ? Claude Cheysson est un habitué de l'une et de l'autre. Résultat : la France, encore une fois, est montrée du doigt. Et son attitude, encore une fois, n'est pas claire.

Josette Alia et Christine Clerc ont raconté les allées et venues de Claude Cheysson et d'Edgard Pisani entre Paris et Tunis, et leurs entretiens avec Yasser Arafat*. Les deux émissaires français ne sont pas investis d'une mission officielle mais ils agissent, chacun de leur côté, en liaison directe avec l'Élysée. Le 17 octobre, Claude Cheysson rencontre dans la capitale tunisienne Tarek Aziz et le chef de l'OLP. Son entretien avec ce dernier, qui avait reçu la visite de Roland Dumas le 14 octobre, se termine par ces mots

* In *La Guerre de Mitterrand, la dernière grande illusion*, éd. Olivier Orban.

d'Arafat : « Je m'occupe des otages. » Cheysson en rend compte au Château.

Deux jours plus tard, le 19, Pisani s'envole à son tour pour Tunis. Discussion avec Arafat ; ils parlent ensemble du plan de paix en dix points de l'OLP et évoquent le sort des otages. Retour de Pisani à Paris. Compte rendu à l'Élysée. Déplacement du leader palestinien, le 20, à Bagdad. Le 22, Pisani reçoit un appel téléphonique d'Arafat : « Les otages français vont être libérés. » Et le 23, le Parlement irakien vote la libération des seuls otages français.

La France l'aurait-elle secrètement négociée ? Edgard Pisani s'en défend, et explique qu'il n'a jamais demandé à Arafat d'engager, auprès de Saddam Hussein, une telle démarche. Il raconte ainsi les circonstances et les détails de sa rencontre avec le chef de l'OLP à Tunis* : « L'heure de départ de mon avion approchant, je lui demandai de m'accorder un entretien en tête à tête. (...) "Aucune négociation ne sera possible, déclarai-je, tant que les otages seront retenus sur le sol irakien. L'opinion ne le tolérerait pas. — Bon, me répondit-il, je repars pour Bagdad demain, j'en parlerai à Saddam Hussein." » Et il poursuit : « Nous étions le vendredi. Le lundi, je déjeunais dans un restaurant du boulevard Saint-Germain, lorsque le standard de l'Élysée m'appelle pour me dire que Yasser Arafat est en ligne et me demande. Il me déclare : "Le président Saddam Hussein proposera tout à l'heure au Conseil national de la

* In *Persiste et signe*, éd. Odile Jacob.

Révolution de libérer les otages français. J'ai obtenu ça de lui." Je reste silencieux puis réponds : "Je n'ai jamais parlé d'otages français ; j'ai parlé des otages. Je suis ravi que vous ayez obtenu que les Français soient libérés mais en ne faisant libérer que ceux-ci, vous risquez de compliquer la tâche de tout le monde et singulièrement celle de la France. — Prenez, prenez, me dit-il, ça n'est qu'un début." »

Il n'y a aucune raison de ne pas croire Edgard Pisani. L'intérêt de la France n'était pas, en effet, d'obtenir la libération exclusive des otages français. Le « cadeau » de Saddam Hussein apparaissait tel qu'il était : empoisonné. D'où cette réaction à la fois malhabile et sincère de Michel Rocard. Mais François Mitterrand s'est mis dans la situation de le recevoir, d'apparaître comme le chef d'une diplomatie qui ne pouvait qu'être récompensée de ses efforts.

Dès les premières semaines de la crise, le président irakien a misé sur la fameuse différence française et adressé des messages à la France. Paris aurait pu les ignorer, refuser d'engager des actions isolées qui ont toujours été menées à l'insu de ses partenaires. Des hommes de la qualité de Claude Cheysson et d'Edgard Pisani peuvent prétendre, et ce n'est pas faux, qu'ils ont toujours agi pour la libération de l'ensemble des otages, sans distinction. Leur démarche n'avait rien à voir avec celle, grand-guignolesque, d'un Jean-Marie Le Pen. Mais le fait est qu'ils ont engagé des pourparlers secrets, que l'Élysée était au courant et régulièrement informé de leurs initiatives, que jamais les alliés n'ont été prévenus de ce qui se tramait en coulisse, qu'enfin Saddam Hussein, avec ruse, a su « remercier » la France de son attitude « originale ».

La libération des otages français est apparue comme la confirmation, aux yeux des États-Unis et de la Grande-Bretagne, que Paris, malgré ses votes au sein du Conseil de sécurité et l'envoi de troupes importantes sur le futur terrain des opérations, jouait un rôle à part. Cette suspicion est la conséquence d'une diplomatie complexe et insaisissable, trop subtile pour ne pas se noyer dans une troublante équivoque.

Diplomaties parallèles

Parmi les puissances occidentales alliées contre l'Irak, la France dispose d'une carte qu'elle va tenter de transformer en atout maître. Cette carte majeure, c'est sa politique arabe ou supposée telle. Michel Jobert a eu beau ironiser sur l'abandon de cette spécificité française (« Ce qui reste de notre politique arabe ? » Réponse de l'ancien ministre : « Barbès-Rochechouart »), elle conserve malgré tout un semblant d'existence. Du moins est-elle plus importante que celle de Washinghton ou celle de Londres. François Mitterrand va donc, au début du mois d'août, dépêcher dans les capitales arabes et les pays qui comptent une forte présence de musulmans, des envoyés particuliers, sorte de *missi dominici* modernes, chargés d'expliquer l'attitude et la position de la France. Simple préoccupation de politique intérieure — l'heure est déjà au consensus —, les ordres de mission sont délivrés à des personnalités politiques issues de gauche et de droite. Jean Lecanuet se rendra en Turquie et en Inde, Michel Durafour au Pakistan, Jean de Lipkowski en Malaisie et en Thaïlande, Jean-Louis Bianco en Égypte et en Arabie Saoudite, Claude Cheysson en Tunisie, Jean François-Poncet en Jordanie et Roland Dumas un peu partout.

Ce branle-bas de combat sera suivi d'initiatives diplomatiques plus spectaculaires, dont le célèbre discours de François Mitterrand, à la tribune des Nations unies, le 24 septembre. Bien. Tout cela fut cohérent à défaut d'être efficace, et si la France a trop souvent essayé de tirer la couverture diplomatique à elle, ces grandes manœuvres avaient le mérite de s'effectuer au grand jour, au vu et au su de ses partenaires. Il serait difficile, et imbécile, de reprocher à un pays de dépenser son énergie pour participer au règlement d'un grave conflit même si, on l'a vu plus haut pour le discours de l'ONU, les initiatives françaises plaçaient souvent les alliés devant le fait accompli.

En revanche, parallèlement à toutes ces actions, l'Élysée a déclenché et contrôlé des démarches et des missions clandestines qui allèrent au-delà des discussions sur le sort des otages. Là aussi, pourquoi pas ? Mais à trois conditions : que ces missions demeurent secrètes ; qu'elles aient une efficacité ; enfin, qu'elles ne troublent point l'indispensable cohésion de la coalition. Or, aucune de ces conditions ne fut réunie.

Tout le monde savait que François Mitterrand télé-commandait ces opérations souterraines, ou en était informé. Edgard Pisani, l'un de ses ambassadeurs particuliers, fit plusieurs fois des voyages discrets à Genève. Il y rencontra Ben Bella et Barzan-el Takriti, le demi-frère de Saddam Hussein, qui transmettait des messages à Tarek Aziz. Il se déplaça à Tunis, toujours mandaté par le président de la République, afin de rencontrer Yasser Arafat qui discutait régulièrement avec Claude Cheysson, autre envoyé spécial du Château. Le président de la République entretenait le mystère et, pour mieux contrôler et nouer les fils compliqués qu'il croyait tisser, ne prévenait pas ses émissaires des déplacements des uns et des autres. Une fois même, il n'hésita pas à mentir en public pour protéger un secret de Polichinelle. C'était le 9 janvier, à l'Élysée, lors d'une conférence de presse qui se tenait à l'heure où James Baker tentait, à Genève, de convaincre une dernière fois Tarek Aziz et, à travers lui, Saddam Hussein. A la question d'un journaliste : « Est-il vrai qu'Edgard Pisani est actuellement en route pour Genève ? », François Mitterrand répondit « non ». Et Pisani, en train de préparer ses bagages tout en écoutant, chez lui, la conférence de presse du Président, sauta dans une voiture pour se montrer à l'Élysée au milieu des journalistes. Le matin même, il avait été reçu par le chef de l'État qui lui donna mandat d'aller présenter des propositions et un projet de paix au frère de Saddam. Pisani s'envola le soir dans l'avion du Président pour reprendre ses conversations avec Ben Bella et Barzan-el Takriti, à Genève *.

Les alliés percevaient mal et appréciaient peu cette diplomatie secrète. Mais elle convainc François Mitterrand, en janvier 1991, que la France peut parvenir à débloquer la situation au tout dernier moment. C'est le sens des messages que Tarek Aziz adresse à l'Élysée, via Edgard Pisani : si une haute personnalité se rend à Bagdad, tout est encore possible. Quel succès si Paris réussissait là où les États-Unis et l'ensemble de la communauté internationale ont échoué ! Le Quai d'Orsay donne alors l'autorisation à Michel Vauzelle de partir pour la capitale irakienne. Une autorisation étrange puisqu'elle est officiellement... « non officielle ». A quelques jours de la rencontre Baker-Aziz, la France dépêche donc à Bagdad un homme politique très important puisqu'il est à la fois proche du chef de l'État et président de la Commission des affaires étrangères de l'Assemblée nationale. Or, cet homme politique n'est pas en mission officielle mais se dit en même temps porteur d'un message pour Saddam Hussein ; un message de qui, sinon de François Mitterrand ! Difficile d'expliquer ce genre de pratique à des partenaires qui, depuis le début, misent sur une étroite collaboration et une indispensable coordination des efforts diplomatiques. D'autant que la rencontre entre Vauzelle et

* Voir Edgard Pisani, *Persiste et signe, op. cit.* ; Josette Alia et Christine Clerc, *La Guerre de Mitterrand, la dernière grande illusion, op. cit.*

Saddam Hussein, rencontre qui durera plus de trois heures, ne déboucha encore une fois sur rien.

Les secrets et le parallélisme des actions diplomatiques coordonnées par le président français n'ont fait qu'embrouiller le jeu, qu'entretenir le doute dans l'esprit des Américains, des Britanniques, mais aussi des pays arabes alliés, à l'égard de la France. Un doute qui a atteint un dangereux sommet à l'avant-veille du déclenchement de la guerre.

La troublante initiative du 14 janvier

Face à François Mitterrand, qui l'accueille dans son bureau de l'Élysée avec Roland Dumas, Javier Perez de Cuellar paraît fatigué. La veille, le dimanche 13 janvier, il a longuement rencontré Saddam Hussein à Bagdad. Un échec que le secrétaire général de l'ONU relate au président de la République. La guerre désormais est inévitable. A quelques heures de l'ultimatum fixé par la résolution 678 des Nations unies autorisant le recours à la force, toute initiative semble vouée à l'échec. La France, malgré cette évidence, va tenter un dernier, et très risqué, baroud d'honneur diplomatique.

Pendant que François Mitterrand reçoit à déjeuner le Premier ministre britannique John Major, le Quai d'Orsay prépare un projet de résolution, l'ultime perche tendue par Paris au dictateur irakien. Ce projet, préparé à la va-vite mais non sans habileté, contient six points. Les voici :

1. Ayant entendu le rapport du secrétaire général des Nations unies au sujet de la mission qu'il a effectuée en Irak (...) et résolus à ne rien négliger pour sauvegarder la paix, les membres du Conseil de sécurité lancent un ultime appel aux dirigeants irakiens.

2. Ils les invitent à annoncer sans autre délai l'intention de l'Irak de se retirer du Koweït selon un calendrier programmé et de commencer dès maintenant un retrait rapide et massif.

3. Dès que sera pris cet engagement, le secrétaire général des Nations unies apportera son concours au contrôle et à la vérification du retrait des forces irakiennes par l'envoi d'observateurs internationaux et la mise en place d'une force de maintien de la paix pour la composition de laquelle il sera fait appel à des pays arabes.

4. Une garantie de non-agression pourra être apportée à l'Irak.

5. Par ailleurs, les mesures nécessaires seront prises en liaison avec les pays arabes pour promouvoir toutes les négociations utiles afin de consolider le processus de règlement pacifique.

6. Dès lors que ce règlement aura été obtenu dans le respect des résolutions du Conseil de sécurité, les membres de celui-ci apporteront leur contribution active au règlement des autres problèmes de la région et en particulier du conflit israélo-arabe et du problème palestinien par la convocation, au moment approprié, d'une conférence internationale dotée d'une structure appropriée (...) afin d'assurer la sécurité, la stabilité et le développement dans cette partie du monde.

Pour le style, la prose diplomatique laisse légèrement à désirer mais c'est sur le fond que les Américains et les Britanniques jugeront sévèrement la copie. Pourtant, ce texte est intelligent. Ses rédacteurs l'ont truffé de références à l'ONU, aux missions futures des pays arabes ; et ils ont su ménager les États-Unis et l'Union soviétique en paraphrasant quelques-unes de leurs propositions et avancées diplomatiques. Mais le projet français va trop loin trop tard. Au moment où tout est prêt pour la guerre, où seul un geste significatif et spectaculaire de Saddam Hussein pourrait arrêter le processus, le texte met fin au compte à rebours et casse, dans son point n° 4, la menace de recours à la force sur lequel reposait toute la stratégie des Nations unies. Aucune date, aucun délai n'est exigé pour le retrait des troupes, et la fameuse conférence internationale, dont le principe a été accepté du bout des lèvres par George Bush, est clairement offerte en échange d'un beau geste magnanime de l'agresseur irakien.

La presse anglo-saxonne dénonce avec violence ces acrobaties diplomatiques, qui fragilisent la coalition. Là encore, c'est le côté caché des choses qui trouble et dérange. A quelques heures de la fin d'un ultimatum qui engage la communauté internationale, et au premier chef les pays présents par leurs soldats dans le Golfe, Paris prend le risque d'agir en catimini. Difficile de demander, par exemple, à John Major, d'applaudir. Le projet français a été adressé aux chancelleries à l'instant même où le Premier ministre anglais quittait l'Élysée. Or, François Mitterrand ne lui en souffla mot, ce qui est non seulement mal élevé, mais aussi maladroit. S'il avait prévenu John Major — ce qui, entre amis et alliés, se fait —, s'ils avaient discuté ensemble de l'initiative française, Mitterrand aurait pu faire l'économie d'un assaut de critiques lui reprochant de ne penser qu'à ses propres intérêts, de soigner son image et sa réputation.

Peu importent les critiques, seul le résultat compte. Or, le résultat fut lamentable. Le projet de résolution, combattu par James Baker, se transforma en une simple déclaration qui, après l'entrée en compétition d'un contre-texte britannique, fut retiré. Tout cela donc ne servit à rien, sinon à nourrir la défiance entre les alliés et la France.

Pourquoi cette proposition de la vingt-cinquième heure ? « Parce que tout devait être tenté », répondent nos diplomates. Mais ne fallait-il pas alors aller jusqu'au bout de cette logique ? Jusqu'à Bagdad ? Plusieurs fois, lors des toutes dernières négociations menées par l'intermédiaire d'Edgard Pisani, François Mitterrand faillit donner son feu vert. Le déplacement de Roland Dumas dans la capitale irakienne était « la » condition imposée par Saddam Hussein. Une condition folle et dangereuse, que le Président refusa de satisfaire parce que le risque diplomatique était considérable. En revanche, un petit projet, rédigé à la va-vite, ne portait pas trop à conséquence. Et un éditorial un peu dur du *Times* ou du *Washington Post* sur le double jeu de Paris ne changerait pas grand-chose à l'avenir du monde. L'essentiel était d'affirmer jusqu'au bout sa différence, de montrer que, si la France s'engageait dans la guerre, elle s'était investie à fond dans la recherche d'une solution de paix. Un message adressé à la fois aux pays arabes, que Paris sans cesse chercha à ménager tout au long de la crise, et à une partie importante de la gauche française mal à l'aise et choquée par les raisons troubles de cette guerre en préparation.

N'exagérons pas le machiavélisme des princes, sans doute y avait-il un certain fonds de conviction dans la démarche française. François Mitterrand, même s'il ne croyait pas aux chances de cette ultime tentative — ce qui est une petite preuve de l'aspect purement symbolique du dernier geste français —, s'est battu et donné à fond pour la paix, pour convaincre Saddam Hussein de répondre à ses propositions. Mais rien n'empêchait l'Élysée de travailler main dans la main avec ses partenaires. En agissant seule, la France a voulu jouer banco. C'est-à-dire récolter pour elle les grands bénéfices diplomatiques d'un règlement pacifique qu'elle aurait provoqué. Compte tenu de l'importance de la mise, égale à l'autorité internationale d'un grand pays, la France, un succès aurait été considérable. Mais un échec lourd de conséquences durables. Or, François Mitterrand a misé et perdu.

Ainsi apparaît la France, aux lendemains de la guerre. Malgré quelques saluts de circonstance aux armées victorieuses, le bilan brille moins que les médailles épinglées aux poitrines. Militairement, elle n'est plus une grande puissance. Les généraux et les politiques le savaient, l'opinion publique vivait sur des souvenirs ou des illusions, et le monde l'ignorait. C'est toute une réputation, bien entretenue auprès des pays amis africains, qui, d'un seul coup, est égratignée. Seule consolation, la France est dans le camp des vainqueurs, mais sa participation à la victoire, fûtelle courageuse, resta symbolique. Cette guerre a été menée et gagnée par l'Amérique. L'armement et l'équipement français engagés dans le conflit paraissaient ridicules et désuets face à la puissance et au modernisme made in USA. La Grande-Bretagne et les autres alliés affichaient le même retard que la France, mais pas les mêmes ambitions.

Sur le terrain piégé des grandes manœuvres diplomatiques, là où il prétendit jouer un premier rôle, François Mitterrand a échoué. Aucune des initiatives tentées par la France, y compris et surtout la dernière, n'a abouti. L'échec est certes partagé par toutes les puissances qui proposèrent des solutions diplomatiques. Mais le non-succès de la diplomatie française est plus grave. Pour trois raisons.

François Mitterrand, d'emblée, a placé haut les enchères. Cette crise internationale devait permettre à la France de garder et de conforter son rang de grande puissance. Pour y parvenir, le Président aurait pu se contenter de participer à la guerre et de coller aux décisions de l'ONU. Or, il a choisi d'intervenir activement et parfois de manière spectaculaire sur la scène diplomatique. Pourquoi pas ? Mais compte tenu de l'enjeu — le rang de la France — il lui fallait décrocher quelques victoires diplomatiques. Histoire de confirmer ce qu'il voulait démontrer, à savoir les grandes capacités de la France à participer au règlement d'une grave crise internationale. Et la démonstration se fit à l'envers.

Ensuite, pour faire taire les critiques, Mitterrand s'est imposé une obligation de résultats : la France serait présente à la table des négociations. C'était la conséquence, attendue et claironnée, de la politique conduite par l'Élysée durant toute la crise. Une conséquence « logique » qui aurait justifié toutes les initiatives françaises. L'absence de la France, à Madrid, lors de l'ouverture de la conférence internationale de la paix au Proche-Orient, résonne comme un désaveu.

Enfin, en affirmant sa différence, Mitterrand a plusieurs fois égratigné la cohésion occidentale. Il était libre d'agir ainsi, d'autant que l'originalité est une particularité de la diplomatie française. Mais qu'a-t-il récolté en échange ? Ses partenaires, bousculés par ses initiatives isolées ou secrètes, ont douté de sa détermination. Quant aux populations arabes, elles ont manifesté, à Tunis ou à Rabat, contre sa politique au cri de : « Mitterrand assassin ! ». Et ce fut l'échec sur toute la ligne et sur tous les fronts.

Cette crise internationale fut révélatrice de la propension de Mitterrand au double jeu, guidé par un but unique : participer au nouvel ordre mondial. Convaincu que, pour y parvenir, la France devait se ranger aux côtés des États-Unis, il suivit militairement George Bush. Et s'appuya sur l'alliance pour mieux se lancer, seul, dans la recherche d'une issue négociée. Faute d'adopter un comportement transparent, le Président mélangea les genres et conduisit plusieurs orchestres et ballets en même temps : l'un diplomatique, aérien et tout en finesse, l'autre militaire, cacophonique et puissant. Les violons et les cuivres. Mendelssohn et Wagner. Le *Songe d'une nuit d'été* et *Tannhäuser*.

Mitterrand pensait garder les mains libres. Daguet serait la preuve armée de sa solidarité avec l'alliance, et cette preuve étant faite, tout lui serait permis, y compris de lancer des initiatives qui dérangeraient ses partenaires. La stratégie du chef de l'État français était de séparer les choses : d'un côté, son engagement militaire en forme de caution, de l'autre, sa diplomatie indépendante et débridée. Or, le premier contraria l'autre et la seconde diminua la force du premier. Le premier contraria l'autre car la France, de par sa participation annoncée à la guerre, ne put aller jusqu'au bout de ses démarches ; elle s'interdit par exemple — et heureusement ! — de se rendre à Bagdad, alors que la logique de sa dernière initiative, celle du 14 janvier, était de le faire. La seconde diminua l'effet du premier car les alliés, malgré Daguet, s'interrogèrent sur l'attitude de Paris. Bilan : la France est sortie de la crise avec une image à la fois forte — elle s'est engagée militairement —, et chiffonnée — elle a échoué diplomatiquement. Sa position est désormais hésitante et floue, d'où ces questions : oui ou non est-elle devenue atlantiste ? Peut-on encore parler de la spécificité de notre politique arabe ? La France a-t-elle changé de position à l'égard du Liban, de l'OLP, d'Israël ? On n'en sait rien.

Reste la finalité de la diplomatie française. Si elle a échoué, avec toutes les conséquences que comporte cet échec, au moins a-t-elle eu le grand mérite, et le grand courage, d'exister. Après tout, les raisons étaient justes et bonnes. Elles proposaient ni plus ni moins d'œuvrer pour la plus belle des causes : le rétablissement de la paix. Bravo donc et hommage à nos fiers et nobles gouvernants. Et fermez le ban. Mais, point d'angélisme ; nos diplomates ne sont pas des enfants du bon Dieu. La France, par ses initiatives, cherchait bien sûr à participer au règlement de la crise, peut-être a-t-elle cru parfois y parvenir, du moins a-t-elle pensé faire avancer les choses à un moment significatif. Mais le Président et ses proches collaborateurs savaient que les chances d'aboutir étaient extrêmement faibles. François Mitterrand avoua même, après la guerre, que jamais il ne l'avait crue évitable. Alors, pourquoi toute cette agitation ? Pourquoi la France a-t-elle pris des initiatives sachant que ces dernières risquaient de gêner ses relations avec les alliés ?

Première explication, peu réaliste : le coup de poker. Il existait, malgré les difficultés, une possibilité — certes infime mais pourquoi pas ? — que la France réussît là où le monde échouait. Dans cette hypothèse le succès aurait été considérable et le grand pari de Mitterrand — profiter de la crise pour conforter le rang et la réputation de la France — gagné haut la main. Mais à cela personne ne croyait, pas même le Président. D'où la seconde explication, celle qu'il faut retenir : la France a multiplié les initiatives pour montrer qu'elle était différente des autres pays engagés dans la guerre, que son premier et unique souci était naturellement la paix, que ses actes critiqués par ses alliés en étaient la preuve. Au sein de la coalition qui allait se battre, la France restait donc à part, moins belliqueuse, plus pure, plus « gentille ». Ce qui revenait à sous-entendre que les autres n'étaient pas comme elle.

Mitterrand souhaitait jouer le meilleur rôle. Il s'y essaya mais ne convainquit personne, ni les alliés, qui lui reprochèrent d'en faire trop, ni les populations arabes, qui le sifflèrent. Consolation, le Président gagna sa guerre. Après l'échec de sa diplomatie, la victoire allait-elle enfin contribuer à le grandir, lui et la France ? Cette guerre, que pourtant le droit imposait de faire, ne fut source d'aucune gloire. La France eut raison d'y participer. Désormais ancienne combattante d'une guerre menée au nom du droit international, elle dispose d'un bon argument pour justifier sa présence au sein du Conseil de sécurité et freiner les candidatures de l'Allemagne et du Japon. Au-delà de cette confirmation, Mitterrand eut tort de penser en recueillir un surcroît d'autorité internationale. Car jamais la gloire ne s'accrocha à ce qui restera dans l'histoire une vulgaire opération punitive. Nécessaire mais vulgaire.

Deuxième partie

GLISSADES À L'EST

Le journaliste allemand se lève et pose sa question : « Monsieur le Président, pourquoi vous êtes-vous opposé à la réunification de l'Allemagne après la chute du mur de Berlin ? » François Mitterrand répond d'un ton sec et excédé : « Monsieur, comme vous dites quelque chose d'inexact, je n'ai pas à vous répondre. Quand vous aurez vérifié vos informations, vous pourrez revenir me voir. »

C'était le 20 septembre 1991, à Weimar lors de la visite du chef de l'État en Allemagne. Presque deux années se sont écoulées depuis cette nuit du 9 novembre 1989, la nuit historique où le Mur s'est écroulé. François Mitterrand s'est-il trompé ? A-t-il mal appréhendé les événements ? Le Président ne supporte pas que ces questions se posent. Oser mettre en cause, mettre en doute ce qu'il a fait ou dit, oser lui reprocher d'avoir été, peut-être, trop timide, trop prudent, face à un événement considérable qui imposait des initiatives fortes, et François Mitterrand pique une colère froide. Sur cette affaire, parce qu'elle est importante et marque la position de la France dans la nouvelle donne européenne, le chef de l'État est d'une susceptibilité rare. Ce journaliste qui, courageux, s'est risqué à poser sa question, ne récolte en échange de son audace que le dédain présidentiel. Et tous ceux qui, aujourd'hui encore, laissent entendre que la France n'a pas été à la hauteur de l'histoire, s'attirent les foudres et la disgrâce élyséennes.

Cette irritation ne fait que trahir François Mitterrand : le Président est trop habitué aux combats politiques pour s'agacer d'une faute qu'il serait persuadé de n'avoir jamais commise. Sans doute prendrait-il alors plaisir à pourfendre et confondre l'adversaire ou le journaliste qui se serait aventuré en terrain miné. Mais, sur cette question essentielle, François Mitterrand est mal à l'aise. Attaqué, il se défend avec maladresse, répond d'une manière cassante ou se retranche derrière un silence méprisant. L'affaire le hante à tel point qu'il cherche à se justifier, à expliquer comment et pourquoi, bien sûr, il ne s'est pas trompé. Et sa plaidoirie peut être prononcée alors dans des lieux et des circonstances inattendus. Ainsi, au printemps 1990, en déplacement à Karachi, François Mitterrand consacre-t-il sa conférence de presse non pas aux relations entre le Pakistan et la France mais... à la réunification des deux Allemagnes et à l'attitude, irréprochable et clairvoyante, de Paris.

Qu'on se le dise puisque Mitterrand le dit : la France dans cette affaire qui touche à la grande Histoire a été plus que parfaite. Et tant pis si c'est faux, si les erreurs se répètent. La diplomatie française ne souffre plus la critique. Ce nouveau dogme se vérifie quelques mois plus tard, lors du putsch manqué de

Moscou. Les téléspectateurs et le monde entier sont les témoins du cafouillage et des fautes d'appréciation du Président. Mais celui-ci nie. Non, non, il ne s'est pas mépris. Non, non, le putsch ne pouvait pas réussir. Oui, oui, il l'a dit. Et les mauvaises langues qui prétendent le contraire sont des démagogues ou des malentendants que François Mitterrand réduit à de piètres querelleurs soupçonnés de médiocres préoccupations électoralistes. Fin du débat.

Face à deux questions étroitement liées, le Mur puis le putsch, le Président a pourtant trébuché. Ce pourrait être secondaire. Après tout, les plus doués peuvent aussi connaître des faiblesses. Mais dans cette période exceptionnelle, où les choix doivent être rapides et justes, les erreurs coûtent beaucoup plus cher. Tout est à repenser et à reconstruire, vite. La disparition de l'affrontement entre les deux blocs impose un autre mode de pensée. Les fondations sur lesquelles reposait la diplomatie française sont vermoulues : la France ne peut plus jouer ce rôle brillant de puissance surdouée qui se donnait des grands airs de superpuissance. Mitterrand le sait mais croit pouvoir freiner les choses, influer sur elles comme avant, comme à l'époque, pas si lointaine, où les rivalités et les blocages entre l'Est et l'Ouest permettaient à Paris d'imposer habilement ses idées.

Même si la critique aujourd'hui le fait bondir, l'évidence éclate : Mitterrand a mal appréhendé les événements. Il s'accroche à ce qu'il connaît, aux risques de déstabilisation qu'il mesure à l'aune de l'histoire de l'Europe et de ses guerres. Sa vision est conservatrice, elle redoute les chocs et les heurts. Doucement, attention. Tout bouge, mais Mitterrand voudrait davantage d'harmonie. D'accord pour que les deux Allemagnes s'enlacent à nouveau, mais pas tout de suite sinon ce qui a été fait risque de s'écrouler. L'Union soviétique sombre, danger, elle ne peut disparaître si vite. Il faut aider Gorbatchev à tout prix, quitte à se fâcher avec ce parvenu vulgaire, Eltsine. Et quand le putsch a lieu, c'est hélas ce qui était attendu qui arrive, Mitterrand le déplore mais l'admet. N'est-ce pas la preuve de toutes ses craintes ? Il fallait freiner le processus d'unification, ne pas gêner Gorby. Il fallait soutenir ce dernier dans ses efforts de maintien de l'Union, donc bouder Eltsine et les nouvelles Républiques. Il fallait chercher à contrôler sinon... sinon l'Armée rouge prendrait le pouvoir. L'Armée rouge a pris le pouvoir, pendant deux jours. Mitterrand a donc eu raison. Pendant deux jours.

« Laisser du temps au temps. » Sa si jolie petite phrase qui reste attachée à son image, se retourne maintenant contre lui. L'histoire est pressée, les peuples ont perdu trop de temps pour en perdre encore. Tout va très vite et cette précipitation sied mal à François Mitterrand. « Un jour, aime-t-il confier, les faits me donneront raison. » Peut-être. Mais sa satisfaction n'aura alors rien d'agréable. Car Mitterrand croit à une guerre en Europe. Il la redoute, d'où sa prudence et ses tentatives pour freiner le cours des choses. L'intention est belle, mais n'excuse pas les fautes. Au contraire. En les commettant, le Président a diminué ses chances de participer au grand bouleversement, d'influer sur les événements, de jouer un rôle efficace auprès des nouveaux dirigeants. Dommage ! D'autant que Mitterrand, par ce qu'il est, par ce qu'il a dit ou fait, était sans doute le mieux placé pour saluer et accompagner les révolutions de l'Est.

UNE SI BELLE RÉPUTATION

« Mon vote favorable à l'Alliance atlantique, il y aura bientôt quarante ans, me satisfait toujours. Indemne de toute obsession antisoviétique, je continue de croire que le pire danger pour nous, comme pour nos voisins d'Europe occidentale, serait présentement que l'Amérique s'éloignât des rivages de notre continent. » Voici ce que rappelle François Mitterrand au début de l'année 1986, en introduction à un livre qui rassemble ses principaux discours de politique étrangère*. Plus loin, dans le même texte, le Président écrit : « Les Droits de l'Homme, avec les majuscules que leur prêtent les discours officiels, sont au centre de tout. Il n'est pas de politique extérieure qui, au bout du compte, se définisse autrement que par eux, selon qu'elle sert la liberté ou l'emprisonne, qu'elle aide à vivre ou qu'elle tue. »

Ces deux déclarations montrent sur quelles bases le Président installe sa diplomatie. A la fois pragmatique

* François Mitterrand, *Réflexions sur la politique extérieure de la France*, éd. Fayard.

et morale. Les deux n'étant pas d'ailleurs contradictoires. François Mitterrand va dans le bon sens, dans cette direction qui, en 1989 et lors des années suivantes, sera empruntée par l'Europe de l'Est et l'Union soviétique.

Sa politique et son comportement, s'ils ne surprennent pas les Français, étonnent le monde. Non pas à propos des droits de l'homme : François Mitterrand est en effet réputé pour être un militant de la plus essentielle des causes. Mais ses soupçons à l'égard de l'URSS, exprimés dès les premiers mois de son mandat, sont une découverte heureuse. L'Amérique et le nouveau locataire de la Maison-Blanche, Ronald Reagan, qui aiment les schémas simples, n'en reviennent pas. Ils comprennent difficilement l'attitude du président français. François Mitterrand est un homme de gauche, ce qui outre-Atlantique — surtout en 1981 — est plutôt un inconvénient, mais en plus il a osé prendre dans son gouvernement des ministres communistes. Or, c'est ce même président au premier abord, et pour de bonnes raisons, suspect de sympathie avec le bloc communiste, qui d'emblée durcit le ton dans les relations entre la France et l'URSS. Plus fort : il reconnaît que les États-Unis sont les alliés naturels de l'Europe et rend régulièrement hommage à l'impérieuse nécessité de l'OTAN. Oui, une découverte heureuse...

Ronald Reagan et les Américains apprendront à connaître François Mitterrand. Certaines de ses initiatives seront jugées complexes, mais ils apprécieront son choix, par exception très clair, en faveur de l'Alliance. Face aux menaces soviétiques des dernières années de l'ère brejnévienne et glaciaire, le président français est d'une franche fermeté. A tel point que le début de son premier mandat marque une rupture, provisoire, avec la politique suivie par ses prédécesseurs.

De Gaulle, Pompidou et Giscard d'Estaing avaient privilégié, puis entretenu les liens avec l'Union soviétique. Les rapports parfois conflictuels mais solides entre l'Élysée et le Kremlin étaient l'un des points forts et l'une des spécificités de la diplomatie française. Face au dialogue, par nature mouvementé entre les supergrands, la France laissait entendre sa différence. Alliée des États-Unis, elle jouait sur ses relations avec Moscou pour afficher son indépendance vis-à-vis de Washington. Cette attitude lui valait régulièrement des critiques et quelques suspicions, mais elle lui permettait de parler d'une voix forte, d'affirmer d'une manière spectaculaire ce qui, pour de Gaulle, était l'essentiel : son indépendance de dire et d'agir au-delà des blocs. Hormis l'épisode des fusées de Cuba, en octobre 1962, où la France, dans ce bras de fer qui fit vaciller la paix du monde, se rangea sans hésitation aux côtés des États-Unis et du président Kennedy, ses réactions échappaient aux stéréotypes de la guerre froide. L'originalité française était devenue une sorte de label, de marque de fabrique. Logiquement, les successeurs du Général poursuivirent, avec plus ou moins de bonheur et de talent, dans cette même voie étroite qui se faufilait entre les pieds des deux géants mondiaux et surestimait le rôle et la puissance de notre diplomatie.

Seul problème, qui à terme risquait de fausser le

jeu, la France prenait de plus en plus de distance avec ses partenaires américains et se montrait davantage complaisante avec l'Union soviétique. Ce fut, pour les héritiers du fondateur de la Ve République, une façon de montrer qu'ils respectaient l'héritage et le patrimoine diplomatique. Et tant pis si cela n'avait plus grand-chose à voir avec cette fameuse « certaine idée de la France ». Par peur de se compromettre avec Washington, l'ami donc l'allié naturel, et de renier les années « sacrées » du gaullisme, Pompidou puis Giscard d'Estaing forcèrent le trait et adoptèrent une politique sans états d'âme ni sensibilité vis-à-vis de Moscou.

Lors des dernières années qui précèdent l'élection de François Mitterrand, cette nouvelle *Realpolitik* prend des allures de caricature et de système, l'inverse exact de ce que de Gaulle avait élaboré. Ainsi, au printemps 1990, quelques mois après l'invasion de l'Afghanistan par l'Armée rouge, Valéry Giscard d'Estaing rompt la solidarité occidentale et accepte de se rendre à Varsovie pour s'entretenir avec Leonid Brejnev. François Mitterrand traitera alors Giscard de « petit télégraphiste », affront que l'ex-président n'oubliera pas. On le verra plus loin.

L'année suivante, la France refuse officiellement de boycotter les jeux Olympiques de Moscou. Lors du premier été polonais, elle fait preuve d'une frilosité extrême. Sans cesse, comme pour s'excuser de ne rien tenter, ne serait-ce que verbalement, Valéry Giscard d'Estaing se réfère aux impératifs de la géopolitique et aux règles immuables décidés par Yalta. Et la complicité très forte entre Paris et Bonn, leur entente pour que rien ne change, contribue à figer les choses.

C'est dans ce contexte que François Mitterrand est élu quatrième président de la Ve République. Quelques esprits simplistes avaient prédit que la France allait maintenant et avec lui basculer dans le communisme. Et le nouveau président prend au contraire d'emblée ses distances avec Moscou et se rapproche de Washington. Une attitude dictée par deux raisons : les SS 20 soviétiques qui menacent l'Europe, et les droits de l'homme qui sont bafoués. Deux dossiers importants qui l'un et l'autre vont jouer un rôle considérable dans la libération, encore imprévisible, des peuples de l'Est. Or, sur ces deux affaires, François Mitterrand s'engage à fond, s'expose et construit sa réputation et sa renommée internationales.

C'était au temps des Pershing

Depuis 1978, les Soviétiques ont commencé tranquillement à déployer des missiles à tête nucléaire. Les fameux euromissiles. A la fin de l'année, 150 SS 20 sont pointés vers l'Europe occidentale (il y en aura 342 en 1983). L'OTAN, en décembre 1979, a réagi et décidé d'implanter en République fédérale d'Allemagne, jusqu'en 1983, 108 fusées Pershing, et 464 Cruise Missile en Grande-Bretagne, en Italie, en Belgique et en Hollande. A l'époque la RFA est agitée par des mouvements pacifistes. La manipulation par les mouvements communistes internationaux a beau être flagrante, l'aveuglement est total et toute dénonciation ou accusation contribue à renforcer l'audience et la puissance de conviction des pacifistes. A l'époque donc, et quelques années avant l'effondrement du système, le communisme est sur le point de remporter une victoire psychologique considérable. En revêtant l'habit séduisant des militants de la paix et en se coiffant de la casquette des Verts, il est en train d'attirer à ses côtés toute une jeunesse allemande que les fusées nucléaires soviétiques menacent pourtant directement. Mais l'heure à l'Ouest est à l'abdication ; qu'importent les SS 20 si rien n'est en face, s'il n'y a pas risque de riposte, si les Pershing ne sont pas déployés. Les manifestations dénoncent les fusées de l'OTAN en oubliant celles du pacte de Varsovie. « Normal, disent les pacifistes et les Verts allemands, nous nous battons contre une décision qu'il nous appartient de prendre ou de ne pas prendre, les SS 20 sont le problème des Allemands de l'Est. » On rêve et le cauchemar n'est pas loin. Confrontée à une opinion publique aveugle et anesthésiée, relayée au Bundestag par les Verts et les députés du SPD, la République fédérale d'Allemagne hésite à donner son accord à l'implantation sur son sol des fusées Pershing.

Que dit la France en décembre 1979, quand l'Alliance prend la décision de répondre à la menace soviétique ? Rien. Elle ne dit rien. Silence du gouvernement français qui, de toute façon, ignore avec superbe les sommets de l'OTAN et laisse entendre que cette décision est de la compétence de l'exécutif militaire de l'Alliance, exécutif que la France a quitté en 1966. Seul un homme politique de l'opposition, pourtant allié au Parti communiste français, s'exprime avec netteté : François Mitterrand, premier secrétaire du Parti socialiste, soutient la décision de déploiement des missiles Pershing. « Nous ne voulons pas qu'il y ait des déséquilibres entre l'Est et l'Ouest, déclare-t-il le 5 décembre 1979 ; si les experts estiment qu'il faut des fusées Pershing pour assurer cet équilibre, nous y sommes favorables. »

Sitôt élu, le nouveau président réaffirme sa position : la sécurité de l'Europe passe avant les bonnes relations entre Paris et Moscou. Donc, pas question de se rendre en URSS avant que l'affaire des Pershing ne soit réglée. Il durcit le discours à l'encontre du Kremlin, refuse les rencontres au sommet, soutient ostensiblement les États-Unis. Et les communistes français, bâillonnés par leur participation au gouvernement, ne pipent mot. Pas même quand le gouvernement expulse, le 3 avril 1983, quarante-sept « diplomates » soviétiques, tous membres du KGB et du GRU*. La préoccupation prioritaire de François Mitterrand est de parvenir à convaincre l'Europe, et au premier plan l'Allemagne de l'Ouest, de déployer les Pershing. Ronald Reagan confiera, plus tard, que son ami François fut, dans cette affaire importante, le plus fiable et le plus déterminé des alliés.

L'engagement de Mitterrand dépasse les clivages politiques ; le 20 janvier 1983, à la tribune du Bundestag, il n'hésite pas à affronter le SPD, membre comme le PS de l'Internationale socialiste, déclare, au

---

* Service de renseignement et d'action militaire.

moment même où des pacifistes défilent dans les rues de la capitale allemande, qu'il faut dire « oui » aux Pershing et lance un appel « à la détermination commune et à la solidarité des membres de l'Alliance atlantique ». Durant cette année 1983, à l'ONU, à Londres, à Bruxelles, il multiplie les prises de position, dont celle-ci, la plus célèbre : « Je suis moi aussi contre les euromissiles, seulement je constate que les pacifistes sont à l'Ouest et que les euromissiles sont à l'Est. »

Le 22 novembre 1983, le parlement ouest-allemand vote l'accord de déploiement des Pershing. Dans la foulée, Claude Cheysson, le ministre français des Relations extérieures se rend pour la première fois en Union soviétique, où il sera reçu fraîchement par Andropov. François Mitterrand accepte l'invitation du Kremlin pour le mois de juin de l'année suivante. Le dialogue, interrompu au sommet, peut enfin se nouer : le président français a remporté la partie de bras de fer et sauvé l'OTAN. Désormais, deux ans et demi après son élection, et malgré le handicap de départ que constituait la présence de ministres communistes dans son gouvernement, Mitterrand apparaît comme un allié solide et sûr. Sa participation active et déterminante au règlement de l'affaire des Pershing contribuera à affaiblir le Kremlin et donc, on le saura plus tard, à faciliter les révolutions de l'Est. Un sans-faute.

Les péchés du Prince

Le pèlerin des droits de l'homme

« Monsieur le Président du Praesidium du Soviet suprême de l'URSS, Monsieur le Président du Conseil des ministres, Messieurs les Ministres, Mesdames, Messieurs... » Le soir du 21 juin 1984, dans la grande salle de réception du Kremlin, François Mitterrand prononce son premier discours officiel en terre soviétique. Devant Konstantin Tchernenko, président mort-vivant, et Nikolaï Tikhonov, Premier ministre fatigué, il parle de la paix, des relations franco-soviétiques, de l'indépendance de la France, de l'amitié entre les peuples avant d'aborder le domaine sacré des droits de l'homme. « Il faut comprendre l'émotion qui existe en Europe et dans beaucoup d'autres endroits pour ce qui touche à des citoyens de votre pays, comme il peut en exister ailleurs et comme il en existe. C'est le cas du Pr Sakharov et de bien des inconnus qui, dans tous les pays du monde, peuvent se réclamer des accords d'Helsinki. (...) Notre préoccupation, c'est le droit des peuples à disposer d'eux-mêmes, à demeurer indépendants. Telle est la leçon de nos révolutions, et nous n'en manquons pas. »

Et voici Mitterrand, président-pèlerin des droits de l'homme. Chaque fois que les circonstances l'exigeront et quel que soit le lieu, il rappellera les grands principes de la liberté des individus et des peuples. Valéry Giscard d'Estaing, avant lui, avait commencé à égrener ses discours de références aux accords signés à Helsinki lors de son septennat. Mais le propos était moins systématique, plus mesuré, plus traditionnellement respectueux de l'immuabilité du partage du monde. Pour l'ancien président, la liberté était à l'Ouest et le communisme à l'Est. Il fallait faire avec, quitte à tenter, en multipliant les contacts et les échanges, d'améliorer le sort des peuples nés du mauvais côté du rideau de fer. François Mitterrand, par conviction et culture politique, se sent davantage héritier des idéaux romantiques de la Révolution. L'absence de liberté ne saurait être pour lui un fait, elle vaut tous les combats et les engagements.

Au cours de ses déplacements dans les pays de l'Est, il parlera des droits de l'homme et dénoncera, avec des mots choisis, les emprisonnements et les atteintes aux libertés pratiquées dans le pays concerné. Parfois François Mitterrand ira au-delà des discours. A Prague, en décembre 1988, il exige de recevoir à l'ambassade de France les principaux dissidents dont un dramaturge, porte-parole de la Charte 77, Václav Havel. La réception aura lieu lors d'un petit déjeuner demeuré célèbre, dont parle aujourd'hui encore avec émotion le président Havel.

Cet attachement à la philosophie pour les droits de l'homme, que confirment la vie publique de François Mitterrand et ses écrits, ne l'empêche pas pour autant de faire preuve de pragmatisme et de calcul. La surprenante visite du général Jaruzelski, le 4 décembre 1985, à Paris, en est le plus bel exemple. Quand le chef de l'État accepte de le recevoir, l'état d'exception a succédé, en Pologne, à l'état de guerre. Lech Walesa n'est plus en prison mais reste étroitement surveillé, le syndicat Solidarité est toujours interdit, et des bruits de bottes soviétiques ou Est-allemandes se font encore entendre aux frontières polonaises. L'opinion française a du mal à s'ajuster. Laurent Fabius, Premier ministre « troublé », ne comprend pas. Comment un président, défenseur acharné des droits de l'homme, peut-il accueillir un général putschiste assassin des droits de l'homme ? L'histoire a montré que François Mitterrand avait eu raison, que Jaruzelski sans doute évita à la Pologne d'être envahi par l'Armée rouge, que le mauvais rôle joué par le général aux lunettes noires permit à son pays, un peu plus tard, d'être le premier des nations de l'Est à donner le signal de la libération.

François Mitterrand démontre, par cette rencontre, que le combat pour les droits de l'homme peut être gagné s'il est mené avec intelligence, si ceux qui s'en réclament réfléchissent à l'art et la manière de les mettre progressivement en scène. Bref, et c'est sans conteste une grande première, le chef de l'État ajoute aux droits de l'homme la notion de sens politique. Ce qui leur manquait pour passer du stade des belles envolées lyriques à celui de l'efficacité.

Ainsi le président français disposait-il, quand les révolutions de l'Est ont éclaté, de deux atouts majeurs. D'abord, sans jamais rompre avec l'Union soviétique, il avait à l'heure la plus grave choisi son camp et contribué à entamer l'autorité et l'assurance du Kremlin. Ensuite il était un héraut des droits de l'homme entendu par tous les pays de l'Est, et sa belle réputation dans ce domaine dépassait le cadre de l'Europe. Parmi tous les chefs d'État, François

Mitterrand, était, grâce à ses initiatives, le plus populaire et le plus respecté à l'Est, du moins par les élites intellectuelles. Or, François Mitterrand ne profitera pas de ces avantages. Pendant des années il a défendu et mis en avant dans tous ses discours le fameux grand principe du droit international de « la liberté des peuples à disposer d'eux-mêmes ». Ce principe s'applique enfin, dans les meilleures des conditions, et Mitterrand ne trouve plus les mots, ni les décisions à prendre pour accompagner ces grands mouvements de libération.

Lui qui avait l'image idéale et faisait référence, s'emmêle et s'empêtre dans des attitudes contradictoires. Il salue les nouvelles démocraties mais cherche en même temps à influencer et à maîtriser le cours des choses. A faire pression sur les événements pour tenter de les contrôler.

Le souvenir, funeste, des accords de Munich — l'erreur collective la plus coupable du monde moderne — le motiva et justifia son action et sa détermination durant la crise du Golfe. Cette fois, c'est Yalta qui, à l'inverse, semble le paralyser. Pourtant, Mitterrand s'est battu pour extraire le monde de ce carcan imposé par Staline. En novembre 1990, lors du sommet de Paris sur la Sécurité (CSCE), il eut l'honneur d'annoncer officiellement la fin d'un monde, celui de Yalta. Mais Mitterrand reste marqué par sa génération et l'histoire. Il redoute les éclatements, les bouleversements prévisibles de frontières, les revendications territoriales, l'inquiétante montée des nationalismes, tout ce qui rappelle et semble recréer les conditions de l'entre-deux-guerres.

Ces craintes sont justifiées, mais à force de toutes les nourrir d'exemples et de références historiques, François Mitterrand les érige en conséquences inéluctables. Il tente d'agir pour freiner les changements, contenir ces excès de liberté qui conduisent l'Europe et l'Union soviétique tout droit vers la guerre. Pour y parvenir, le président français, le défenseur de la liberté des peuples à choisir leur sort, privilégie alors les États existants, ou les chefs de ces États, plutôt que les peuples, l'assurance des choses établies plutôt que l'aventure des libertés nouvelles, l'immobilisme plutôt que le mouvement.

Cette fois, François Mitterrand ne précède plus l'histoire, il se contente d'essayer d'en réduire les effets. D'où des fautes d'appréciation, des manquements, des réactions mal comprises et, surtout, deux graves et spectaculaires erreurs dont le rappel, preuve qu'elles lui font mal, aujourd'hui l'irrite. Il s'est trompé sur l'Allemagne, après la chute du mur de Berlin ; et sur l'Union soviétique pendant le putsch. Ces deux événements étant, par leur dénouement, les plus importants de cette fin de siècle, du moins jusqu'à aujourd'hui, leur mauvaise compréhension est lourde de conséquences.

François Mitterrand qui avait tout pour lui, qui de loin était le mieux placé, a terni son image et contrarié ses chances.

CHAPITRE 2

LES ÉBOULIS DU MUR

« Un jour, dit souvent François Mitterrand, il faudra que l'on m'explique. » Et le chef de l'État ne désespère pas, une fois venue l'heure de la retraite, de trouver pourquoi on lui reproche d'avoir mal jugé les événements d'Allemagne. Car Mitterrand le rappelle à qui veut l'entendre : tout cela n'est que menteries et petites manœuvres politiciennes. Il ne s'est pas trompé sur le Mur et ses lendemains, jamais il ne chercha à freiner le cours de l'histoire, et les Allemands lui sont, au contraire, reconnaissants de ce qu'il a fait pour eux.

Alors mensonge ou vérité ? Les discours diplomatiques, surtout quand ils sont prononcés ou inspirés par François Mitterrand, sont rarement des pièces à conviction détentrices de preuves évidentes. La loi du genre exigeant que tout soit en nuances, la position française, après la chute du Mur, n'est pas d'une limpidité exemplaire. C'est donc entre les mots et en décryptant les phrases que se forge une opinion. Et celle-ci, complétée par les vraies raisons des déplacements de Mitterrand à Kiev et en Allemagne, que l'on

appelait encore de l'Est, va dans le sens de la culpabilité. Oui, quoi que le chef de l'État dise, la France a
commis des fautes, elle n'a pas été à la bonne hauteur, elle a cherché à ralentir le processus de réunification et a, sanction logique d'une faute, égratigné sa
réputation. Le rappel des jours historiques le montre.

Le jeudi soir, 9 novembre 1989, le Mur tombe.
Sans bruit. Puis, au petit matin du 10, le monde
comprend enfin que cette dépêche presque banale,
annonçant le libre passage de la frontière entre l'Est
et l'Ouest, tourne une page de la très grande histoire.
Des milliers, puis des centaines de milliers de Berli-
nois chantent, dansent et cassent le Mur. Le stalinisme emboîtant le pas au national-socialisme, c'est
cinquante-six ans de dictature qui, d'un seul coup,
prennent fin. François Mitterrand est à Copenhague,
en visite officielle. Immédiatement, il réagit.

« Cet événement heureux, dit-il, marque un progrès de la liberté en Europe. Il est vraisemblable que
ce grand mouvement populaire sera contagieux, c'est-
à-dire qu'il ira ailleurs et plus loin. » Après avoir
salué la sortie de l'ordre établi à l'issue de la Seconde
Guerre mondiale, François Mitterrand évoque la
construction d'un nouvel équilibre. Et l'on note déjà
non pas des réserves, mais quelques mots qui
insistent, avec prudence, sur les difficultés à venir, sur
la nécessité de préserver l'URSS et de maintenir ce
que Mitterrand appellera plus tard une « théorie des
grands ensembles ». « Nous allons sans doute revivre
un temps sans équilibre. Ce sera bien mieux mais ce
sera difficile. (...) On s'aperçoit que, sans oublier

l'importance de l'Union soviétique, il ne peut exister bientôt qu'un seul pôle d'attraction pour les peuples en quête d'un statut de liberté : c'est l'Europe de la Communauté. » Et le chef de l'État conclut sur la réunification : « Cette affaire de la réunification des deux Allemagnes, qui n'est pas la seule modalité dans les relations entre les États allemands, rencontrera bien des obstacles car la carte de l'Europe n'a pas à ce point changé. Mais, exprimant la volonté du peuple allemand, elle doit être notre loi suprême. C'est pour cela que j'ai dit que je ne la craignais pas. »

Dans cette première réaction de François Mitterrand, plutôt positive, l'on sent malgré tout percer une réticence. Le Président salue l'événement comme il le mérite, reconnaît, ce qui est la moindre des choses, que la volonté du peuple allemand décidera, mais insiste d'emblée sur les obstacles et cette carte de l'Europe qui, selon lui, n'aurait pas « à ce point changé ». Tout cela peut sembler anecdotique et secondaire. Pourquoi rechercher à tout prix la faute présidentielle et la mettre en évidence ? Chipotage et acharnement au service d'une thèse ? Non. La première réserve de François Mitterrand, fût-elle entre les lignes, annonce une politique, d'où son importance. Pour mieux la comprendre, avant que les faits et les décisions ne la développent et la rendent évidente, il faut écouter la réaction de Roland Dumas, le 10 novembre au micro de RTL : « Tout cela n'a été possible qu'en raison de l'action de M. Gorbatchev, et ne se poursuivra que parce qu'il est là et parce que sa politique est ce qu'elle est. » Le ministre des Affaires étrangères insiste et rappelle que, le chef de l'État soviétique souligne « qu'il y a des limites qui ont été fixées par Moscou à tous ces mouvements d'émancipation, c'est le pacte de Varsovie ».

Cette fois l'attitude française s'éclaire. Ces réserves, au-delà d'une prudence compréhensible, sont mises en avant pour protéger Gorbatchev. D'où un salut-hommage à son action, suivi d'un avertissement à peine voilé : la marche vers la liberté ne continuera « que parce qu'il est là ». En d'autres termes : attention, n'allez pas trop loin sinon Gorbatchev va tomber et tout sera à refaire.

Depuis le début des événements de l'Est, François Mitterrand est convaincu de la nécessité d'effectuer les changements en douceur et sans rupture. Gorbatchev ne lui dira-t-il pas un jour cette phrase sinistre que le président français rappelle souvent : « Le jour même de l'annonce d'une réunification allemande, un communiqué de deux lignes annoncera qu'un maréchal soviétique siège dans mon fauteuil. » Alors, il faut impérativement tenter de freiner le processus, de démontrer que le problème de la réunification doit être différé. C'est ce que dira Roland Dumas, à la tribune de l'Assemblée nationale, le mercredi 15 novembre : « La réunification de l'Allemagne ne peut être un problème d'actualité. »

Dans ces jours qui suivent la chute du Mur, l'Élysée et le Quai d'Orsay ne sont pas les seuls en France à adopter une attitude de prudence. Excepté la réaction surréaliste de Georges Marchais qui, dépassé par les événements, parle de « bond considérable en avant dans la voie du renouveau socialiste », les dirigeants des principaux partis politiques applaudissent la chute du Mur mais parlent des difficultés à venir et de l'urgence à renforcer la Communauté européenne. Cette attitude « défensive » prédomine. L'heure est à l'exposé des problèmes. Tout le monde, en France, évoque les risques de déséquilibres européens, la dangereuse remise en cause des intérêts militaires des grandes puissances, les incalculables conséquences économiques d'une réunification, les bouleversements dans le projet de construction d'une Europe unie, sans oublier la crainte de la Grande Allemagne qui, même si la menace n'est jamais formulée, est présente dans certains esprits. Valéry Giscard d'Estaing, peu inspiré, n'hésite pas à prendre quelques risques en pronostiquant que la réunification « c'est la fin de la Communauté », qu'il est indispensable « que ce soit l'Europe fédérale, et non pas l'Allemagne fédérale seule, qui puisse accueillir le moment venu la participation des Allemands de l'Est ». L'ancien président de la République va jusqu'à reprocher à François Mitterrand d'être allé trop loin en avançant que « la disparition du mur de Berlin signifie la réunification des deux Allemagnes ». En dehors de cette passe d'armes, la France politique est, en gros, sur la même longueur d'onde, et le chef de l'État, il faut le reconnaître, n'apparaît pas en retrait.

Alors, la critique pourrait s'arrêter là? Oui, et quoiqu'il s'en défende, François Mitterrand s'est trompé sur l'Allemagne. Ni plus ni moins — et parfois moins — que les autres. Mais la différence entre un chef d'État et des chefs de partis est que le premier ne se contente pas de réagir avec des mots et des phrases. Il agit, prend des initiatives diplomatiques, décide et met en place une politique qui logiquement engage la France. En outre, les réactions aux lendemains de la chute du Mur, toutes à peu près semblables, ont ensuite évolué. La réunification de l'Allemagne, pour l'opinion publique, pour la quasi-totalité des partis politiques et surtout pour les autres grands pays du monde, est devenue, au fil des jours et des semaines, un processus inévitable qui doit être encouragé. Or, le président de la République est resté sur sa position, a cultivé ses craintes des premières heures, et a tout mis en œuvre, avec d'ailleurs ténacité et conviction, pour que la réunification — qui devait se faire — intervienne le plus tard possible. Par ses décisions et en s'exposant lui-même, il a essayé de contrôler un événement qui lui échappait et échappait à tout chef d'État. Il a cru, énorme péché d'orgueil, qu'une politique, la sienne, pouvait retarder l'écriture de l'histoire d'un peuple. Une erreur en trois actes.

Premier acte : dîner à l'Élysée

Au moment où intervient la chute du Mur, la France assure la présidence de la Communauté européenne. Un Conseil européen est prévu pour les 8 et 9 décembre prochains, un mois plus tard. Logiquement, tout le monde s'attend à ce que la date du Conseil soit avancée. Or François Mitterrand, qui en sa qualité de Président en exercice des Douze avait autorité pour susciter un changement de date, ne bouge pas. Raisons développées par Roland Dumas :

le Conseil n'aurait parlé que du problème de la réunification au lieu de traiter les importantes questions inscrites à l'ordre du jour, à savoir la charte sociale — « enfant chéri » du président français —, l'audiovisuel, les relations avec les pays tiers, l'union économique et monétaire. Incroyable ! L'événement le plus extraordinaire depuis la fin de la guerre vient de se produire, la plupart des hommes politiques, des experts, des analystes et des historiens estiment que la réunification doit se réaliser dans un cadre européen, et la présidence de la Communauté ne bouge pas. Elle ne fait rien, histoire de ne pas contrarier l'examen des dossiers prévus depuis longue date ! Oui, incroyable.

A l'Élysée, on se défend alors en évoquant l'urgence de la construction européenne. Dans quelques semaines, le 1er janvier 1990, l'Irlande, si faible, remplacera la France pour six mois, à la présidence de le CEE. Il faut donc très vite avancer sur les délicats et complexes dossiers qui portent sur le social et l'union monétaire. Si ces grandes questions avaient été différées, explique le ministre des Affaires étrangères, « nous aurions fait le jeu de ceux qui cherchent à ralentir l'Union ». L'argument est élégant, mais bien maigre. Faible. Le risque n'était-il pas plus grave, pour l'Europe, de voir la réunification se faire sans elle ? Bien sûr. Mais François Mitterrand, tout préoccupé à freiner un processus qu'il juge dangereux, refuse de lui donner trop d'importance. Une avancée de la date du Conseil l'aurait mis en valeur sur la scène européenne et mondiale. Le maintien du calendrier le minimise. Mitterrand, qui avait là l'occasion de saisir l'histoire au vol, banalise l'événement et fait mine de croire que, toutes choses égales par ailleurs, le Mur ne mérite pas une rature sur l'agenda européen.

Un dîner, pense-t-il, devrait suffire à montrer que les Douze, malgré tout, s'intéressent à ce qui se passe. Il aura lieu à l'Élysée, le samedi 18 novembre 1989, en présence des chefs d'État et de gouvernement de la Communauté et du président de la Commission européenne Jacques Delors. Ensemble et dans le calme, entre une cassolette de Saint-Jacques à la crème d'oursin et des escalopes de foie d'oie chaud aux pommes, on devise des bouleversements de l'Est. Nuitamment, à l'issue du dîner, François Mitterrand tiendra une conférence de presse. Il parlera, dans le petit discours précédant le dialogue avec la presse, des raisons de cette rencontre, la solidarité et la cohésion des Européens, le projet de création d'une Banque pour le développement de l'Est, l'urgence d'avancées dans la voie de la construction européenne, mais pas un mot sur l'Allemagne. Il faudra attendre la première question des journalistes qui, naturellement, porte sur la réunification pour entendre cette surprenante réponse : « Nous n'en avons pas parlé. »

Cette fois, la situation devient absurde. Que François Mitterrand ait menti ou dit la vérité, peu importe, dans les deux cas la volonté de traiter par le silence, donc le mépris, un fait historique déjà en marche, est invraisemblable. L'Europe des peuples explose et l'Europe des comités joue à l'autruche. On était en droit d'attendre plus et mieux d'un président que l'on sait soucieux de marquer le siècle. Or, c'est au nom de sa grande ambition et de ce qu'il prête d'autorité à la France, que François Mitterrand agit ainsi.

Sa manœuvre pour différer le grand rendez-vous des deux Allemagnes va se retourner contre lui. L'annonce, par Helmut Kohl, d'un plan de réunification en trois points quelques jours seulement après ce fameux dîner où rien, prétendit-on, ne fut dit, résonne comme un affront. Mais Mitterrand persiste. Il veut imposer sa raison, et sa vision de l'avenir proche. Au prix d'une agitation rocambolesque.

Deuxième acte : quelques heures à Kiev

Réunification égale chute de Gorby. Mitterrand est persuadé sincèrement de la justesse de l'équation et de son automaticité. D'où l'envoi de Roland Dumas, à Moscou auprès de Gorbatchev, dès le mardi 14 novembre 1989. Au cours de l'entretien avec le chef du Kremlin l'après-midi et Édouard Chevardnadze le matin, le ministre français des Affaires étrangères parle beaucoup de l'Europe et de la liberté des peuples, mais il écoute surtout les préoccupations des dirigeants soviétiques. Ceux-ci se félicitent des événements — « c'est nous qui avons commencé cette révolution pacifique », rappelle Chevardnadze — mais demandent, en échange, que soit respecté l'ensemble des engagements et accords signés après la guerre. En d'autres termes : ne touchez pas au pacte de Varsovie, ni aux frontières. Que dit alors Roland

Dumas ? Il rassure : l'exercice par un peuple de son libre choix ne doit pas être perçu « comme une cause d'insécurité ou d'instabilité, la France ne prêtera pas la main à ce qui ressemblerait à un risque de cet ordre ». Moscou devait en déduire que Paris et ses partenaires de la Communauté n'essaieraient pas de redessiner la carte de l'Europe.

C'est ce message que François Mitterrand ira porter lui-même à Gorbatchev à Kiev, le 6 décembre 1989. Étrange voyage décidé à l'initiative du président français et annoncé au Kremlin lors de la visite de Roland Dumas à Moscou. Le processus d'unification paraît engagé, Helmut Kohl a annoncé son plan en trois phases, des élections démocratiques vont se tenir, et Mitterrand poursuit sa drôle de mission. Sa volonté de ralentir le cours normal des choses est si forte, si contraire à ce qui se passe malgré lui, que son comportement commence à devenir ambigu. Que va-t-il vraiment faire ou chercher à Kiev ? Quel est réellement, pour le président français, le plus important ? Aider Gorbatchev à conserver le pouvoir ou freiner l'inévitable remariage entre les deux Allemagnes ? L'un et l'autre sont liés mais Mitterrand apparaît de plus en plus comme un homme d'État qui s'est engagé et trompé. Les autres présidents ou les chefs de gouvernement des grandes nations ont, eux aussi, exprimé des réserves et fait preuve de prudence, mais ils sont allés moins loin que Mitterrand, et leur position s'est depuis adaptée aux nouvelles réalités.

Que dit M. Gorbatchev au président français ? Que la réunification « pourrait endommager les changements qui s'opèrent, qu'elle compliquerait tout le processus et même l'interaction entre les deux États allemands ». Que dit M. Mitterrand au président soviétique ? Que la France, alliée de la RFA, comprend les aspirations de Bonn mais qu'il ne faut pas effectivement « toucher aux frontières comme ça, si on veut préserver les chances de la paix ». Les deux chefs d'État sont donc d'accord pour s'inquiéter ensemble et réunir vite un sommet « Helsinki II ».

Le fait que ce voyage à Kiev fut critiqué, qu'il fut jugé incongru et pas très clair quant à ses raisons précises, montre bien l'ampleur du malaise. Le rôle joué par la France est désormais jugé équivoque. Sur le principe même du voyage, il n'y avait là rien à redire. Gorbatchev est un chef d'État estimé, son action déterminante dans le déroulement des événements est saluée avec respect par tous les démocrates. Personne n'aurait émis la moindre critique sur cette rencontre si la volonté d'infléchir et de ralentir le cours normal de l'histoire n'était prêtée à Mitterrand. S'il n'était de plus en plus soupçonné de tout faire pour contrarier la réunification.

Quelques jours plus tard, le Président, conforté par ce qu'il estime être une mission salutaire pour l'Europe, l'Union soviétique et le monde, ira plus loin encore et tentera le tout pour le tout. Un voyage de trop, trop tard ou trop tôt.

Troisième acte : rendez-vous manqué

Le 20 décembre 1989, François Mitterrand se rend en déplacement officiel en République démocratique allemande. C'est-à-dire dans un État qui, certes, continue d'exister légalement, mais dont la pérennité est remise en cause par ses propres ressortissants. Ce même État est en cours, non pas d'annexion, mais de ré-union avec l'État voisin au demeurant ami très proche de la France. Or, quelle raison invoque Mitterrand pour justifier un voyage qui trouble Bonn et les Allemands ? Qu'Erich Honecker l'a invité il y a quelques mois et qu'il répond donc aujourd'hui à l'invitation.

Tout un peuple se révolte, raye le passé responsable de la privation de ses libertés, cherche à reconstruire sa patrie mutilée, parle de démocratie, et le président français justifie son déplacement en brandissant le carton d'invitation signé du vieux dictateur qui vient d'être renversé. Difficile de faire pire dans un genre qui s'apparente à une forme osée de cynisme.

Hans Modrow, chef fragile du gouvernement précaire de la RDA, se félicite de cet appui spectaculaire de Paris à la survivance de l'État qu'il représente. Gregor Gysi, patron du SED (Parti communiste est-allemand), remercie la France, lors de sa rencontre à Leipzig avec Jean-Louis Bianco, du soutien qu'elle manifeste à l'Allemagne de l'Est. La presse salue ce voyage de « l'arbitre pour l'Europe », titre accordé à Mitterrand par le quotidien communiste *Junge Welt*, et rappelle que le point central de la position française est le « maintien de la souveraineté des deux Allemagnes ». Mais les Allemands se passionnent pour autre chose, jugée plus importante que cette abracadabrante irruption du chef de l'État français sur la scène germanique : le sommet Kohl-Modrow qui s'est tenu à Dresde, la veille de l'arrivée de François Mitterrand. Ce sommet majeur annonce la signature, avant les élections du 6 mai prochain, de la « communauté contractuelle », le nouveau statut qui régira les relations entre les nations sœurs.

En dehors de l'accueil chaleureux des étudiants de l'université Karl-Marx de Leipzig, pas d'ovation, pas de grands discours durant cette escapade de quarante-huit heures relatée par des articulets publiés en pages intérieures des journaux ouest-allemands. Seuls les milieux diplomatiques notent ce qui est devenu maintenant une évidence : cette visite de François Mitterrand est la preuve d'une reconnaissance réaffirmée de la RDA par la France. Le Président n'a-t-il pas développé lors d'une interview à une télévision ouest-allemande le concept de « peuple allemand de RDA » ? Accueilli par l'éphémère président est-allemand Manfred Gerlach, il a par ailleurs vanté l'« apport de votre pays à la civilisation européenne ». Quant à la réunification, François Mitterrand, tout au long de son séjour, a entretenu la confusion : il dit ne pas souhaiter la ralentir — « Je ne suis pas de ceux qui freinent » — mais invoque un droit de regard sur son déroulement : « Lorsqu'il s'agit de l'Europe, cela commence à regarder la France... » Les Allemands et l'histoire ne demanderont leur avis ni à l'une ni à l'autre.

Maladresse ou irritation, le président français terminera sa visite sur un dernier faux pas. Berlin s'apprête à rouvrir la porte de Brandebourg, décision d'une portée considérable pour tout le peuple allemand. François Mitterrand serait-il prêt à retarder son départ de quelques heures pour assister à cette ouverture ? « Je n'y ai pas pensé, répond-il à la presse, mais dans le cas contraire, certainement non. » Le Président annonce alors que la cérémonie de la porte de Brandebourg est, de toute façon, annulée du fait des événements qui agitent la Roumanie. Faux. Elle aura bien lieu. Avec Helmut Kohl et Hans Modrow. Et sans François Mitterrand, qui a préféré faire seul la veille une visite discrète au Mur, encore debout pour une nuit au pied de la célèbre porte. Un grand rendez-vous manqué. Cette absence est immédiatement interprétée comme une volonté délibérée, de la part de la France, de ne pas cautionner l'accélération du rapprochement entre les deux États. La diplomatie a trop recours aux gestes symboliques pour que la dérobade de Mitterrand ne soit pas prise en compte et, avec distance, décryptée.

Le 3 octobre 1990, l'unification de l'Allemagne entre dans l'histoire onze mois après la chute du Mur. Quand l'année suivante, le 16 septembre 1991, François Mitterrand se rend une seconde fois à Berlin, nouvelle capitale de l'Allemagne, les commentateurs d'outre-Rhin notent avec ironie : « Avant l'heure ce n'est pas l'heure, et après l'heure ce n'est plus l'heure. » Les Allemands n'ont pas oublié.

Ainsi tous les efforts du Président pour changer le cours naturel de l'histoire ont-ils été vains. Difficile après ce rappel en trois actes et quelques phrases, de continuer à affirmer qu'il ne s'est pas trompé sur les événements allemands, que son attitude fut sans reproche et que les critiques à son endroit seraient à ranger systématiquement dans la catégorie des fausses querelles de politique intérieure. Ses erreurs d'appréciation sont corroborées par les faits. Bien sûr, il était difficile de prévoir, d'imaginer que tout irait si vite. Mais François Mitterrand ne s'est pas contenté de commettre des fautes de pronostic, de réciter, comme d'autres chefs d'État de grands pays occidentaux dont les États-Unis, des déclarations prudentes. Il a pris des risques, s'est exposé et a, de fait, engagé sa crédibilité internationale. Peut-être était-ce là faire preuve de davantage d'audace et de courage ? Peut-être était-ce là l'affirmation de la volonté française de peser sur l'avenir du monde et de l'Europe ? Peut-être... mais il a perdu. Non seulement Mitterrand a sous-estimé l'histoire, ce qui est une faute lourde quand on prétend l'influencer, mais il a mal estimé les aspirations des Allemands de l'Est et sous-évalué les capacités d'Helmut Kohl à leur répondre bien et vite. C'est beaucoup. Trop pour un homme qui a eu l'ambition énorme d'aller se mêler du devenir d'un peuple qui n'était pas le sien. Immense péché d'orgueil auquel pas un seul grand leader occidental n'a osé succomber. Un succès, a contrario, l'aurait-il auréolé d'une jolie gloire ? Sans doute le crut-il. Mais que pouvait-il espérer dans ce combat mené à l'arrière-garde de l'histoire ? Gagner trois mois, un an ? La belle affaire ! L'événement était lancé, rien, et certainement pas une petite offensive diplomatique, ne pouvait le stopper. Mitterrand, aveuglé, n'a pas su le comprendre. Encore une fois, d'autres que lui, en France et ailleurs, se sont également trompés. Mais n'est-ce pas dans ces moments forts et rares où aucune jurisprudence n'est encore inscrite, où rien ne peut servir de référence, que se distinguent les hommes d'exception ? Helmut Kohl fut de ceux-là. Hans Dietrich Genscher aussi qui, à la question : « Y a-t-il contradiction entre le renforcement de la CEE et la réunification allemande ? », répondait : « Au contraire. Plus rapides seront les progrès de la liberté sur les décombres des régimes communistes, plus tôt nous surmonterons la division de l'Europe. » François Mitterrand en cherchant à trop en faire s'est, sur cette très grande question, exclu de ce petit nombre d'hommes d'État qui gardent le mérite d'avoir eu raison avec l'histoire.

Pour le président français, cette faute majeure égratigne méchamment l'image de haut diplomate qu'il s'était forgée. N'était-il pas considéré, dans son domaine réservé de la politique étrangère, comme un intuitif génial ? Personne en France n'osait même le critiquer dans sa manière habile de gérer ce qui est sous la Ve, le saint des saints. Or, d'un seul coup, la preuve est faite de sa faillibilité. Et son erreur est d'autant plus visible aux yeux de tous que la majorité des Français, eux, avaient bien prévu, et sans appréhension, la suite des événements. Un sondage, effectué dès le 10 novembre 1989, révélait que 60 pour cent des Français estimaient que la chute du Mur était une bonne chose pour la France, 62 pour cent croyaient à la réunification des deux Allemagnes et 70 pour cent considéraient qu'elle n'était pas un obstacle à la construction de l'Europe*.

* Sondage Louis-Harris pour *Le Figaro* réalisé les 9 et 10 novembre 1989, par téléphone, auprès d'un échantillon national représentatif de 1 006 personnes âgées de 18 ans et plus.

Les péchés du Prince

Le Président, même s'il s'en défend, même si ses motivations étaient d'abord de ménager Mikhaïl Gorbatchev et de calmer le jeu, a donné l'impression détestable d'être dans le camp retranché de ceux qui tremblent quand l'histoire ébranle le vieil ordre établi. Au lieu de prendre acte, il a manœuvré, comme il se plaît à le faire, et la manœuvre se fit à contresens. Et à contretemps. Ce temps, qui lui est si cher quand il croit le maîtriser, est allé trop vite. François Mitterrand a été dépassé par les événements.

« CHER MONSIEUR IANAEV... »

« Cher Monsieur Ianaev... » Le dessin de Plantu, publié à la une du *Monde**, a fait sourire toute la France aux dépens de son président. François Mitterrand y est croqué répondant à la lettre du chef des putschistes au moment même où Gorbatchev rentre d'exil. Son erreur est si éclatante qu'elle est en même temps douloureuse. Le Président épinglé est blessé, comme un papillon piqué entre les deux ailes. Ses efforts pour expliquer qu'il en était sûr, qu'évidemment, et comment en douter, le putsch de Moscou échouerait, qu'il savait que Gorby — « mon ami » —, reviendrait, sont à la fois dérisoires et émouvants. Jamais il n'avait trébuché et chuté si lourdement.

Mitterrand a beau faire, la faute est flagrante, et ses justifications balbutiantes l'enfoncent davantage. On n'efface pas comme cela des paroles bien inscrites dans les têtes. Quand le mercredi 21 août, lors de sa seconde émission télévisée, il commence son allocution bien empruntée par cette phrase : « Le fait que

* In *Le Monde* du 23 août 1991.

le putsch ait échoué ne m'a pas étonné », personne n'a oublié que son intervention de l'avant-veille, celle du premier jour du putsch, débutait par ces mots : « Le coup a réussi dans sa première phase. » D'aplomb certes il ne manque pas, mais son assurance à dire en gros le contraire de ce qu'il avait dit ou prédit quarante-huit heures avant reste cette fois sans effet. D'autant que sa bévue est mise en scène et en perspective. Ceux qui l'écoutent et commentent ses explications, ne s'arrêtent pas à Moscou, ils remontent deux ans plus tôt au pied du mur de Berlin, là où le Président commit sa première grosse erreur d'analyse. Coup sur coup, il a donc manqué de jugement, et ses échecs, qui ne sont dus aucunement à une coupable insouciance ou légèreté dans l'analyse, sont la conséquence d'une politique, d'une attitude à la fois réfléchie et cohérente. Ce qui n'est pas moins grave. Mitterrand, en se trompant sur le putsch de Moscou, en se trompant sur Berlin, et en continuant à se tromper sur l'évolution des événements de l'Est, respecte un principe qu'il cherche à imposer : il place l'ordre avant le mouvement.

« Le vieux renard est fatigué », écrit Robert Mauthner dans le *Financial Times*. Fatigue ? Age ? Tout le monde s'en donne à cœur joie et certains, peu inspirés, s'arrêtent à la surface et aux rides des choses. Plus sérieusement, dans le même journal de Londres, Ian Davidson signe un article qui dépasse la médiocre polémique sur les capacités vieillissantes du Président. Voici ce qu'il écrit :

« L'une des maximes les plus souvent citées de

M. Mitterrand est qu'"il faut donner du temps au temps" (...). L'habileté du Président à jouer sur le long terme lui a été particulièrement profitable (...). Mais, depuis 1989 et la chute du mur de Berlin, le monde l'a pris de vitesse. Pendant ces deux dernières années, M. Mitterrand a fait preuve de sérénité, mais il a montré à maintes reprises qu'il tenait à ralentir le rythme des événements, qu'il s'agisse de l'unification de l'Allemagne, de l'ascension de Boris Eltsine ou de la montée en puissance de la République russe*. »

C'est donc une politique, une volonté d'influer sur la marche des événements, de les suivre pour mieux les contrôler, qui est mise à mal et contredite. François Mitterrand a un style d'action et de réflexion qui lui est propre. Ce style, brillant, emprunte sans doute davantage à l'intelligence que celui que pratiquent d'autres chefs d'État. Est-ce à force de construire des schémas hors desquels tout lui échappe, qu'il fut pris de court et au piège, qu'il se priva, lui le maître des manœuvriers, de liberté de manœuvre ? Son orgueil — et ce mot accroché à des succès serait un compliment — le conduisit à croire encore une fois que la France avait tout saisi avant le monde, que le putsch qui survenait était hélas ce qu'il redoutait, qu'il l'avait prévu. Que tout cela était donc dramatique et condamnable mais logique, et obéissait à une sorte de déterminisme implacable.

* Article du *Financial Times* publié par *Courrier international* du 1ᵉʳ septembre 1991.

Les péchés du Prince

Lundi, 20 heures juste : « Le putsch a réussi »

Sans chercher trop loin au fond des mémoires, il ne doit pas être trop difficile de se placer dans l'atmosphère de ce lundi 19 août 1991. Le monde occidental, qui ne sait pas encore que Ianaev et ses acolytes ne sont que des putschistes d'opérette, se persuade, sans trop de difficultés, que l'époque glaciaire est revenue et va de nouveau geler l'Empire soviétique. Pour la France en vacances, la perestroïka est morte, assassinée par l'Armée rouge et le KGB qui restent, comme depuis toujours, les garde-fous d'un régime déstabilisé. Tous les vieux réflexes et clichés disparus et cassés par six belles années de glasnost, reviennent et nourrissent les commentaires du café de la plage aux colonnes diplomatiques des journaux.

C'est dans ce contexte tendu, où les mots maudits de « guerre froide » sont de nouveau prononcés, que les Français s'apprêtent à écouter le président de la République répondre aux questions de quelques journalistes à la télévision. Pendant la crise du Golfe, cette forme de communication à chaud, en prise directe sur ce qui se passe, lui a réussi. Mitterrand, ce lundi soir 19 août, utilise donc le même procédé, sachant que ce genre d'entretien télévisuel portant sur des événements non achevés est relativement risqué. A la différence de la déclaration solennelle où chaque phrase est longuement préparée et soupesée, la conversation, plus dynamique et plus agréable, avec des journalistes, entraîne une certaine part d'improvisation. De plus, en réponse aux questions qui lui sont posées, le Président est amené à se placer dans des hypothèses et à les commenter, exercice difficile surtout quand les faits, on l'ignore encore, vont se retourner du jour au lendemain. Mais Mitterrand est un grand professionnel de la communication, ce qui lui donne quelque assurance. Et surtout, il sait exceller dans l'analyse des grandes affaires du monde, trouver les termes justes et les bonnes explications, exposer quel rôle a joué et va jouer la France avant, pendant et après. Bref, le Président prend un certain plaisir — on l'a souvent deviné tout au long de la crise du Golfe — à paraître sur cette grande scène du monde où son expérience lui confère une autorité réelle et l'incite à aller au-delà du constat. Il aime rappeler que ses analyses sont écoutées des plus grands et cabotine, parfois, en énonçant, avec une coquette et feinte lassitude, la longue liste de ses interlocuteurs planétaires qui, il y a quelques minutes à peine, viennent encore de l'appeler — histoire de deviser ensemble de l'avenir d'un monde décidément complexe, quoiqu'il le soit un tout petit peu moins pour lui que pour les autres.

Sûr de son savoir, de sa pratique, de son expérience, de ce qu'il a à dire, de sa différence et de la manière qu'il a choisie pour s'exprimer, François Mitterrand s'adresse aux Français quelques heures après le déclenchement du putsch.

Premiers mots, premières phrases, le chef de l'État ne condamne pas mais prend acte : « Le coup a réussi dans sa première phase, nous le constatons, puisque Mikhaïl Gorbatchev est écarté du pouvoir et sans doute aujourd'hui sous surveillance de la police.

Il est donc pratiquement arrêté. Il existe des menaces qui pèsent sur les libertés de M. Eltsine. Donc le coup a réussi. » Il faudra attendre la fin de sa déclaration préliminaire et une question d'un journaliste pour qu'il condamne « bien entendu » la tentative de coup d'État, tout en s'étonnant que l'on puisse lui poser cette question. Cet « oubli », repêché, serait finalement sans grande importance si François Mitterrand n'avait pas commis, dans cette même émission, cinq autres graves erreurs qui vont s'ajouter à sa trop timide condamnation et la révéler davantage.

Première erreur : il légitime de fait les putschistes en les appelant à plusieurs reprises « les nouveaux gouvernants », « les nouveaux dirigeants », « la direction actuelle » et « les dirigeants soviétiques actuels ». Pour lui Ianaev et les autres ont déjà remplacé MM. Gorbatchev et Eltsine. Et ce constat prématuré s'appuie sur une hypothèse à laquelle il semble croire : « On peut penser que les forces dirigeantes et l'armée se trouvent du côté des nouveaux gouvernants. » L'optimisme n'était pas la règle en ce lundi soir, tous les observateurs, dont la presse, pensaient que le putsch allait réussir. Mais Mitterrand n'observe pas, il agit, il est l'un des principaux dirigeants du monde occidental et du monde tout court. Le fait que si vite il prenne acte et choisisse le pire prouve qu'il n'est pas mieux informé que ses concitoyens, qu'il n'a pas — du moins sur cette affaire grave — plus de sens politique qu'eux, et, surtout, qu'il reste prisonnier de ses a priori.

Deuxième erreur : François Mitterrand lit la lettre qu'il vient de recevoir de M. Ianaev. On assiste alors à un moment surréaliste de télévision. Un chef d'État, Mikhaïl Gorbatchev, ami de la France, vient d'être renversé, le régime de libertés nouvelles et d'espoir qu'il incarnait est brutalement mis à mal, et le président de la République française se fait le divulgateur, devant des millions de téléspectateurs, du programme et des garanties que lui adresse le chef des putschistes. Cette lettre, la voici, telle que les Français en ont pris connaissance en écoutant François Mitterrand :

Les réformes seront poursuivies. Notre choix est fait. Nous allons nous en tenir à la démocratie et à la glasnost. Nous nous attacherons à redresser l'économie, notamment l'entreprise privée. Nous poursuivrons la politique visant à garantir les droits civiques et les libertés. Dans le domaine international, tous les accords et ententes restent en vigueur. Pour que cette ligne aboutisse, pour que l'œuvre commencée par Mikhaïl Gorbatchev ne soit pas définitivement discréditée, nous avons besoin de rétablir la stabilité politique dans le pays et de parvenir enfin à un processus de transformation maîtrisée. (...) Je tiens à vous faire savoir que M. Gorbatchev se trouve en parfaite sécurité et que rien ne le menace.

François Mitterrand termine sa lecture par ces mots qui avalisent ce qu'il considère comme un fait accompli : « Je ne dis pas que je prends tout cela pour argent comptant. (...) Je vous dis simplement que cela ne doit en rien nous empêcher d'insister pour que soient respectées, par la direction actuelle, un certain nombre de règles précises. »
La lettre, suivie du commentaire du Président,

laisse croire que M. Ianaev est animé par de bonnes intentions. Qu'il faut donc, certes tout en restant vigilant et exigeant, ne pas trop s'inquiéter. François Mitterrand peut se défendre et justifier son étonnante lecture en prétextant qu'il a tenu à informer les Français il n'empêche qu'il communique, en même temps et sans présentation critique ni condamnation nette, les arguments de défense de M. Ianaev. D'emblée, François Mitterrand le considère comme un interlocuteur potentiel, comme une personnalité en charge d'émettre des engagements et des garanties. Pour le président français, l'Union soviétique de Gorbatchev a donc d'ores et déjà tourné la page.

Troisième erreur, liée aux deux précédentes : François Mitterrand n'envisage pas de sanctions diplomatiques ou économiques immédiates. « Il est prématuré de parler de sanctions », dit-il. Celles-ci n'interviendront que dans l'hypothèse où « les nouveaux dirigeants » ne respecteraient pas les accords d'Helsinki ou de Paris, alors « cela voudrait dire, tout naturellement, que toute aide de la communauté ou des pays occidentaux qui ne serait pas liée à d'authentiques réformes devrait cesser ». En d'autres termes : à eux de jouer et de montrer qu'ils ne sont pas méchants, en attendant on ne les embête pas. Et pour être encore plus précis, le Président les incite à se dépêcher : « S'ils veulent persévérer, comme M. Gorbatchev l'avait et l'a fait, dans un processus de réformes vers la démocratie (...), il ne faut pas qu'ils perdent de temps. » Pour François Mitterrand, « la nouvelle direction » bénéficie d'un préjugé sinon favorable, du moins non systématiquement défavorable. Les putschistes peuvent en déduire que, pendant une période limitée dans le temps, la communauté internationale leur donnera une chance pour prouver leur bonne foi.

Quatrième erreur : l'adjectif de trop. Il y a, dans le langage diplomatique, des mots rares qui ne peuvent être utilisés à la légère. Le mot « sincère » est de ceux-là. Accoler cet adjectif à un nouveau pouvoir, fût-ce de façon conditionnelle ou hypothétique, c'est lui reconnaître une certaine respectabilité. C'est admettre qu'il est envisageable d'attendre de sa part un comportement et des initiatives qui s'inscriraient dans la continuité. C'est donc refuser de considérer que le coup d'État marque une rupture et modifie les rapports de confiance qui existaient préalablement. Interrogé par les journalistes, à la fin de l'émission, sur les répercussions du putsch dans la poursuite du dialogue de paix au Proche-Orient, François Mitterrand répond : « Tout dépend de l'attitude que prendra cette nouvelle direction sur ce cas particulier. S'ils sont *sincères*, s'ils veulent préserver en effet toutes les chances de la paix dans le cadre de la politique fixée par M. Gorbatchev, alors il n'y a pas lieu de s'inquiéter. » Sur ce cas précis, et symboliquement très fort, le Président estime inutile de s'inquiéter, l'attitude de M. Ianaev et consorts est jugée par lui au bénéfice du doute.

Rien n'est jamais comparable, les époques ne se ressemblent pas, les situations des pays sont toujours difficiles à rapprocher, mais imaginez quelle aurait été la réaction du premier secrétaire du Parti socialiste si, en septembre 1973, le président de la République,

Georges Pompidou, avait utilisé le mot « sincère » en parlant, à propos de n'importe quel dossier ou sujet, de l'attitude future de Pinochet. Moscou n'est pas Santiago. 1973 n'a rien à voir avec 1991. Gorbatchev n'est pas mort et Allende a été assassiné. Mais, ce lundi soir 19 août, on s'attendait au pire. Tout pouvait arriver. Et le putsch était de toute façon un fait incontestable. Alors, imaginez...

Cinquième erreur : tout ce que Mitterrand a oublié de dire. Il n'est pas question ici de réécrire, d'inventer ces mots et ces phrases que les téléspectateurs s'attendaient à entendre. Mais simplement de noter que le Président a oublié de parler du peuple de Moscou et de sa détermination à se battre pour conserver ses libertés toutes neuves. Oublié de rappeler que Boris Eltsine était un président démocratiquement élu et que son combat, déjà engagé, méritait d'être soutenu. Oublié de conforter Mikhaïl Gorbatchev dans sa légitimité. Oublié d'insister, en termes appuyés et autoritaires, sur le fait, légalement incontestable, que le président de l'URSS était le seul interlocuteur auprès de la communauté internationale, le seul habilité à parler au nom de l'Union. Oublié de mettre les putschistes là où le Droit d'habitude les jette : au ban du dialogue entre les nations. Tous ces oublis ne sont pas dus à un long trou de mémoire. Si le Président n'a pas prononcé ces mots, c'est volontairement, afin d'engager, le premier, un dialogue avec des « nouveaux dirigeants » qu'il croyait durablement installés aux commandes. Mitterrand a estimé que le putsch avait d'ores et déjà réussi, qu'un retour aux affaires de MM. Gorbatchev et Eltsine était impossible. Il a

maladroitement tiré un trait sur le présent, pour préserver ce qu'il pensait déjà être l'avenir.

Des contre-feux trop tard

Pourtant, sitôt l'émission terminée, le Président se
doute qu'il a été, peut-être, malhabile, qu'il a péché,
par omission et que ses propos étaient par trop déca-
lés... ou prématurés. Aux journalistes qui viennent de
l'interviewer, il dit regretter de ne pas avoir tout dit et,
inquiet, les interroge : « J'ai bien fait, n'est-ce pas, de
vous donner le contenu de la lettre de Ianaev ? »

L'entourage de Mitterrand regrette la forme même
de son intervention. Le Président n'aurait pas dû
adopter le style d'un questions-réponses qui l'obli-
geait à commenter l'événement, à écrire l'avenir, à
envisager des scénarios, donc à s'engager et à prendre
des risques. Plutôt que de s'exprimer comme un
expert ou un kremlinologue, il aurait été préférable
qu'il réagisse officiellement en lisant une déclaration
ou, tout du moins, en introduisant son intervention
face aux journalistes par un discours préliminaire où
chaque phrase aurait été bien pesée. La lecture de la
lettre est perçue comme une erreur. Mitterrand
pourra toujours dire qu'il a voulu, ainsi, donner tous
les éléments pour que les Français puissent
comprendre, juger et estimer la situation. Mais cette
publicité faite aux programmes et aux pseudo-garan-
ties d'un gang de comploteurs unanimement rejeté

par le monde occidental, risque d'être mal admise, et retournée contre lui.

Reste que tout ce qui a été dit obéissait à un calcul. Quelques heures avant son intervention à la télévision, le Président avait été surpris par la réaction, très vive, de M. Major. En condamnant le coup d'État, avec des termes durs et sans nuances, le Premier ministre britannique claquait trop vite une porte que Mitterrand jugeait indispensable de garder entrouverte. George Bush, avec lequel il s'était entretenu le matin, partageait en gros cette analyse. Mais le président américain, qui s'adressa à ses concitoyens six heures après le président français, changea d'avis. Comme John Major, il condamna avec vigueur les putschistes et soutint avec force Gorbatchev et Eltsine. Désormais Mitterrand était dangereusement isolé. Il lui fallait rebondir, effacer l'impression molle qu'il avait donnée. Allumer, dès le lendemain matin, des contre-feux. Ce qu'il fit.

A La Haye, Roland Dumas, en conférence avec les ministres des Affaires étrangères de la Communauté européenne, rectifie le tir. « Comme l'a fait le président de la République », il condamne « le coup de force, le coup d'État, en tout cas le mauvais coup porté à la démocratie », réclame un sommet des Douze, propose que le président de la Communauté se rende auprès de M. Gorbatchev et appelle à des sanctions. A l'Élysée, Hubert Védrine, le secrétaire général du Château, explique à ses interlocuteurs que la condamnation du coup d'État par la France « était évidente depuis le début ». Les services de presse du Président font savoir que François Mitterrand regrette de n'avoir pu joindre, la veille, Mikhaïl Gorbatchev. Elie Wiesel, Prix Nobel de la paix et ami du Président, est dépêché à Moscou pour porter un message de soutien au président soviétique et rendre visite à Boris Eltsine. Jack Lang, de son côté, crée un « comité international pour la démocratie en URSS » avec, parmi les signataires, Elie Wiesel, Jorge Semprun, Ismaïl Kadaré et Yves Montand. Le rétablissement, acrobatique, est rapide et spectaculaire. Mais il est déjà trop tard. La presse américaine, britannique, allemande et française reprend mot à mot, et faute par faute, les déclarations du chef de l'État. La classe politique, elle aussi, réagit. Gêne à gauche. Et déchaînement à droite. Un homme surtout, saute sur l'occasion et savoure délicieusement, onze ans après, sa vengeance.

Cet homme c'est Valéry Giscard d'Estaing. Au printemps 1980, l'ancien président s'était rendu à Varsovie pour s'entretenir avec Leonid Brejnev du retrait des troupes soviétiques d'Afghanistan. Sa visite, à un moment où le dialogue était gelé entre l'Est et l'Ouest, avait provoqué de vives critiques. Dont celle, foudroyante, du premier secrétaire du Parti socialiste, François Mitterrand, qui l'avait traité — on l'a dit — de « petit télégraphiste de Varsovie ». Giscard n'a pas oublié. Le mardi soir 20 août, il décoche ses traits, pique le Président, l'accuse de mollesse, ironise sur cette lecture aux Français de la lettre de « l'auteur du coup d'État » et accuse certains dirigeants occidentaux — sous-entendu : dont le président français — « d'avoir passé aux pertes et profits de façon un peu rapide » les gouvernants soviétiques renversés.

Mitterrand est blessé. Les reproches de politique intérieure qui, régulièrement, lui sont adressés, parfois, avec violence, ne le touchent guère. Avec dextérité, il les esquive et sait, quand il le faut, les retourner contre ses adversaires. Mais, pour la seconde fois depuis la chute du mur de Berlin, le voilà agressé dans son domaine réservé, là où justement son expérience est la plus grande et sa supériorité sur les autres hommes politiques écrasante. Or, il s'est trompé. Et en prend conscience. Enfermé dans des schémas préfabriqués, pressé de prouver qu'il était plus clairvoyant et habile que ses grands partenaires occidentaux, il s'est engouffré trop vite dans une voie qui se transforme en impasse. Selon lui, l'histoire avançait dans un sens, il devait donc la suivre et la voici qui rebrousse chemin, fait demi-tour en moins de quarante-huit heures et écrase les putschistes. Le peuple de Moscou était sous le joug de l'Armée rouge, et il se rebelle et les soldats se rangent à son côté. Eltsine allait être emprisonné, son parlement pris d'assaut, et il se transforme en héros national et international. Gorbatchev était définitivement hors jeu, et il revient à Moscou. Et Mitterrand n'a rien vu, rien pressenti.

Que reste-t-il de ce qu'il a dit ? Une impression détestable : celle d'un chef d'État qui a enterré l'espoir, pris comme un fait acquis un coup de force. Certes, il a prononcé quelques mots gentils sur MM. Gorbatchev et Eltsine mais c'était uniquement pour se soucier de leur état de santé. Intention délicate jugée, aujourd'hui, à l'heure du renversement des événements, dérisoire.

Mitterrand est battu. Il le sent. Mais ne l'admet pas.

Mercredi, 20 heures passées : « Je le savais »

Le temps décidément n'est plus son allié. Ce mercredi soir 21 août, François Mitterrand, qui s'adresse aux Français pour la seconde fois depuis l'annonce du coup d'État, est trahi par la pendule de son bureau présidentiel. Elle sonne 20 heures et il est 20 h 15, ou 16, ou 18, selon la chaîne de télévision qui retransmet l'intervention du chef de l'État. Donc, il ne s'exprime pas en direct et la diffusion, dans les différents journaux du soir, n'est pas simultanée, contrairement aux habitudes. L'événement que constitue toujours une déclaration présidentielle est, cette fois, estimé secondaire. L'histoire se passe à Moscou où le putsch a officiellement échoué, où Eltsine est acclamé comme le sauveur de la démocratie. Et non à l'Élysée. Les journaux de TF1, d'Antenne 2 et de La Cinq ouvrent sur les images de la capitale de Russie. Mitterrand peut attendre.

Sa décision de prendre la parole a été prise tard dans l'après-midi. Personne au service de presse de l'Élysée n'a été prévenu, le Président souhaitant se réserver, jusqu'au dernier moment, la possibilité d'intervenir ou pas. Il hésite. Doit-il s'exprimer maintenant, à l'heure de la fin du putsch, ou laisser passer une journée ? Il choisit la première solution, souhaitant ainsi effacer vite, ou du moins corriger, la mauvaise impression laissée par son intervention de l'avant-veille. Les chaînes sont prévenues vers 19 heures. Une demi-heure plus tard, quatre journalistes s'installent face au bureau présidentiel sans savoir qu'ils vont jouer un rôle de figurants et entendre le chef de l'État nier, avec une tranquille assurance, s'être jamais trompé dans son interprétation des événements.

« C'était un putsch irréaliste, superficiel, et cela je l'ai pensé aussitôt. » Les journalistes présents étant gentiment « autorisés » à poser une question, chacun son tour, l'un d'eux, Jean-Luc Mano de TF1, s'étonne du décalage entre les deux interventions du Président. « Non, non, répond Mitterrand, vous n'avez pas tout à fait raison sur l'analyse de mon état d'esprit lundi, car j'ai bien dit que, pour moi, ce coup, ce putsch n'avait aucune chance de réussir. » Voilà. Les téléspectateurs qui ont cru noter une certaine mollesse dans la précédente intervention du chef de l'État, qui ont été surpris de ne pas l'entendre dire un seul mot chaleureux pour Gorbatchev, qui n'en sont pas encore revenus qu'il ait oublié d'excommunier les putschistes et d'appeler à une restauration du pouvoir légal, ces téléspectateurs-là — qu'on se le dise, qu'ils se le disent, tous ces braves gens — n'ont rien compris. Le Président ne s'est pas trompé. Il ne peut plus se tromper. Les grands mouvements du monde n'ont pour lui aucun secret, et jamais, ô Dieu jamais, il ne saurait être pris de court. Dont acte et enchaînons.

Tout au long de son intervention, François Mitterrand paraît moins soucieux d'exposer la position de la France que de babiller en se disculpant. Il n'analyse pas, ne projette plus, il plaide, se défend et attaque.

Qu'a-t-il fait tandis que la France, inquiète, tremblait ? Il participait à l'organisation d'une vaste chaîne internationale. Téléphonait. Et pas à n'importe qui. « J'ai communiqué ma pensée à dix ou onze chefs d'État dès lundi matin (...) A M. Lubbers, mais aussi à MM. Bush, Major, Kohl, Andreotti, González, un peu plus tard à Václav Havel en Tchécoslovaquie, Walesa en Pologne, Mulroney au Canada, j'en passe. » La liste est impressionnante. Mitterrand veut impressionner. Blessé par les critiques, il cherche, maladroit, à rappeler que son audience est grande dans le monde — ce que personne ne conteste —, qu'il est un président écouté par ses pairs et ses grands pairs, qu'il leur « communique sa pensée » alors que les politiciens français, les médiocres qui forment la piétaille, ne sont capables que de bavardages et de vulgaires manœuvres. Mais que fait-il d'autre, au beau milieu de son intervention, quand il descend à son tour en piqué, au ras des discours de toute petite politique intérieure, au lieu de rester sur les hauteurs ? Quand il s'en prend à ceux qui ont été frappés d'une sorte « d'excitation, d'affolement, de spéculation sur les nerfs de la population » ? Le matin, Jack Lang avait violemment accroché Valéry Giscard d'Estaing, accusé d'être allé chasser l'ours chez M. Gierek ou M. Ceausescu. Le soir, François Mitterrand en rajoute. Les reproches de l'opposition et de l'ancien président lui ont déplu et il riposte : « Je ne vois pas comment nous pourrions laisser un certain nombre de responsables qui n'ont pas de sang-froid gouverner un jour la France. En tout cas, je ne le souhaite pas pour mon pays. » La phrase est de trop, elle est déplacée, mesquine, certainement pas au niveau élevé de la situation et se retourne vite contre lui. Car qui a donné l'impression de perdre son sang-froid sinon le chef de l'État lundi soir ? François Mitterrand contrôle mal ses déclarations. Elles sonnent faux, ne convainquent pas et apparaissent pour ce qu'elles sont : une laborieuse tentative d'autojustification.

Rarement une prestation télévisée aura donné une si forte impression de malaise. Les journalistes se demandent ce qu'ils sont venus faire dans cette galère. Les téléspectateurs assistent à un naufrage. Et le Président continue à se débattre. Il voulait se rattraper et se noie. Noyade en léger différé d'un homme d'État qui, après avoir essayé d'expliquer que bien sûr le putsch ne pouvait réussir, que bien sûr il l'a dit lundi, que bien sûr il a tout fait — et sans doute un peu plus que les autres — pour que la communauté internationale se mobilise et le suive, tente de faire avaler une dernière invraisemblance, la plus énorme : oui, bien sûr, il a toujours cru en Boris Eltsine !

Eltsine, ce héros pas très chic

Hommage au vainqueur : « M. Eltsine a révélé ses qualités profondes qui sont celles d'un homme de grand courage, de grande fermeté, de grande énergie. » Hommage au héros : « C'était quand même très émouvant et beau de voir Boris Eltsine sur le char serrant la main du soldat. Après tout, était-il certain de ses réflexes à ce soldat ? Haranguant sans micro, sans moyen de diffusion, les gens qui étaient là, revenant s'enfermer au sein du parlement et rejoint par des personnalités diverses qui savaient ce qu'elles risquaient, tout simplement leur vie. » François Mitterrand tresse sur la tête du président russe des couronnes de lauriers et lui jette sur les épaules un habit de lumière. Ce personnage, si longtemps négligé, est devenu un grand homme que la France devait soutenir et aider dans la difficile épreuve... ce qu'elle fit. Le matin de ce mercredi 21 août, le chef de l'État n'a-t-il pas joint Boris Eltsine dans son parlement assiégé ? Le soir à la télévision, Mitterrand cite cette conversation téléphonique et la verse au dossier de son auto-défense. Il oublie juste de rappeler que le président Bush et le Premier ministre anglais John Major l'ont appelé avant lui, au moment où tout encore était incertain. Qu'ils lui ont apporté un soutien politique fort et autoritaire dès leurs toutes premières prises de position, le lundi, tandis que Mitterrand, de son côté, ne disait mot sur la légitimité du combat mené par Eltsine et lisait tranquillement la lettre signée du chef des « nouveaux dirigeants ».

Rattrapé par l'histoire, le Président tente de se rattraper. Maladroit là encore. Son hommage à celui qui apparaît comme le chef de la résistance au putsch, arrive avec retard. Il a beau, en guise d'excuse un peu penaude, rappeler que le président russe l'a remercié de son appel, le mal est fait. Eltsine n'a pas reçu, à l'heure du coup d'État, le soutien de la France ; et les efforts de Mitterrand pour démontrer le contraire sont bien laborieux. Mais il continuera de tenter de persuader que jamais il n'y a eu entre Eltsine et lui le moindre petit problème. Ainsi lors de la grande conférence de presse qu'il tient quelques semaines plus tard, en septembre, le chef de l'État sera logiquement interrogé sur son attitude lors de la visite en France, au printemps 1991, de celui qui n'était pas encore président de la Russie. L'accueil réservé à Boris Eltsine avait alors été glacial (inversement proportionnel à ce qu'il sera neuf mois plus tard, en janvier 1992)... Mitterrand feint de ne pas comprendre et nie : « Que j'aie battu froid M. Eltsine, je me demande ce que vous voulez dire... Je sais qu'il a été battu froid ici ou là, mais pas par moi, et pas à l'Élysée. Il a été reçu tout à fait comme il devait l'être. (...) Non, nos relations sont excellentes. »

Étrange visite pourtant que celle d'avril. Frisquette. Eltsine s'apprête à être élu en triomphe, et selon des pratiques démocratiques, à la tête de la République de Russie. Il est depuis longtemps l'un des personnages clés du fantastique tremblement qui secoue l'Empire. Sa popularité à Moscou est, à l'époque, immense. Il n'est pas besoin d'être très finaud et grand clerc pour deviner que son rôle dans les jours et les mois à venir sera essentiel. Tout cela est donc évident. Sauf pour la France qui, avec condescendance, le snobe. Reçu à Strasbourg au siège du Parlement européen, il est accueilli comme un chien dans un jeu de quilles. Jean-Pierre Cot, président du groupe socialiste, le traite de noms d'oiseau. Tout y passe. « Démagogue », « irresponsable » et « graine de dictateur », il est accusé, lui et sa clique d'« extrémistes de droite », de gêner Gorbatchev par son « nationalisme » et son « populisme ». Ose-t-il protester et se défendre ? Cot le rembarre et menace de le virer comme un malpropre : « Nous sommes ici dans un parlement démocratiquement élu, si vous ne voulez pas m'entendre, vous pouvez partir. » Dans le style goujat, il est difficile de faire pire.

Son petit tour à l'Élysée n'effacera pas ce qui est perçu comme un affront. A la dernière minute, il apprend qu'il peut se rendre au Château. Mais c'est Jean-Louis Bianco qui le reçoit, François Mitterrand se contentant de passer la tête. Cette version sera contestée. Le Président, lors de sa visite express à Moscou le mois suivant, fera savoir qu'il s'est en fait entretenu avec M. Eltsine pendant une vingtaine de minutes dans son bureau et non dans celui de Bianco. En janvier 1992, lors de la deuxième visite d'Eltsine — la visite royale ! — Mitterrand reviendra, en public, sur cet épisode et d'une manière qui ne pouvait être innocente : « Nous nous étions déjà rencontrés à l'Élysée en avril dernier dans le bureau que vous avez retrouvé aujourd'hui. » Faux ? Vrai ? Sauf à brûler les pieds de Jean-Louis Bianco — mais l'enjeu ne vaut pas la chandelle — on ne saura jamais comment et où, dans quelle pièce, s'est déroulé l'entretien, ni pendant combien de temps. Seule certitude : au lendemain de cette rencontre, alors qu'il était jugé de fine politique de bouder M. Eltsine, l'Élysée a laissé dire que le Président l'avait reçu entre deux portes. Les démentis sont arrivés plus tard. Une fois que la France eut comprit, après tout le monde, que le rival de Gorbatchev était incontournable.

Cette anecdote n'est guère reluisante pour notre diplomatie. Elle qui se targue d'intelligence et de finesse a fait preuve là de balourdise. Toutes les chancelleries savaient que Boris Eltsine allait être élu président de la Russie. Qu'il serait donc un interlocuteur de premier plan. Et la France le méprisa. Eltsine était un opposant, il gênait Gorbatchev, mais fallait-il pour cela l'insulter et le traiter si mal ? C'est vrai, à voir et à entendre, il ne fait pas très chic. Ses manières et son air rougeaud de buveur de vodka, précédés d'une réputation de trousseur de jupons, ne sont pas du meilleur effet. Le personnage, par son allure, n'inspire pas une grande confiance et on hésite à lui reconnaître des qualités de démocrate. Mais n'est-ce pas au peuple russe, légalement consulté, de choisir ? Au nom de quel impérialisme démocratique pourrions-nous décider qu'Eltsine n'est pas assez bien pour nous ? Il n'a jeté personne en prison, il n'y a pas une ligne dans son programme, un peu maigre d'ailleurs, qui laisserait sous-entendre que les libertés avec lui seraient menacées, au contraire. Où se cache-t-elle cette bande d'« extrémistes de droite » qui, selon Jean-Pierre Cot, l'entoure ? Après l'avoir moqué et suspecté, les intellectuels soviétiques ont, à son endroit, changé d'avis. Tous plus ou moins l'ont rejoint, souvent par calcul. L'homme étant populaire, il fallait donc miser sur lui, jouer sur les possibilités d'alternance qui, pour la première fois, se présentaient à l'Union soviétique, et l'encadrer pour mieux l'influencer et lui montrer les bonnes directions à suivre. Il suffisait, à l'époque, de passer deux jours à Moscou pour comprendre et saisir cette évolution, ce changement d'esprit et d'attitude des économistes et des politiciens vis-à-vis d'Eltsine.

Tous les observateurs le savent, sauf le Quai d'Orsay et l'Élysée qui se refusent à bien voir les réalités politiques et considèrent Boris Eltsine comme un personnage grossier et pas franchement sympathique. En revanche, M. Didier Ratsiraka, le président malgache reçu par François Mitterrand quelques semaines avant lui, a beaucoup plus d'allure avec sa petite canne à pommeau d'ivoire et ses belles manières. Il fait tuer pas mal de gens dans son pays, mais il est un ami de la France, et, fût-il dictateur, il n'en est pas moins président et mérite à ce titre d'être accueilli puis raccompagné sur le perron. Pardon. Cela n'a rien à voir et ce rapprochement est horriblement démagogique. Les relations internationales et les jeux d'influence stratégiques imposent de maintenir les contacts avec des hommes d'État pas toujours fréquentables. Oui, certes. Mais si tout repose sur des intérêts bien calculés, sur d'habiles stratégies toutes plus ou moins trempées d'hypocrisie, de quelle grande incompétence ont fait preuve nos stratèges en traitant, par-dessus la jambe, un homme qui, quelques semaines plus tard, accédait à la présidence de la Russie ! Si la suspicion démocratique est, selon eux, une excuse, ils doivent alors aller jusqu'au bout de leur logique et biffer, sur leur agenda diplomatique, les trois quarts des noms de leurs interlocuteurs.

Bref, le déroulement bâclé de cette visite et l'impression désastreuse qu'elle laissera s'ajouteront à ce que ne dira pas et ne fera pas Mitterrand au jour du putsch. Entre la France et Eltsine, l'incompréhension est totale et le dossier, chargé. Le président de Russie se vengera, quelques jours après l'issue heureuse du coup d'État, et laissera courir derrière lui, sans jamais le recevoir, Roland Dumas en escapade diplomatique aux Pays baltes. Le handicap que devra désormais surmonter Paris n'est pas énorme mais il existe et laisse Londres et Washington prendre quelques bonnes longueurs d'avance. Ce handicap est la conséquence d'une attitude qui veut obéir à une rigoureuse réflexion et un a priori, bête comme tous les a priori. Commençons par le second. Je suis sûr que si Boris Eltsine avait eu l'apparence et le langage d'Anatoli Sobtchak, le maire de Leningrad — aujourd'hui Saint-Pétersbourg —, le comportement de la France n'aurait pas été le même. Pour un paraître qui n'a pas eu l'heur de plaire à nos distingués diplomates, le président russe a été traité avec condescendance. Affirmation improuvable, juste intuitive. Passons. La rigoureuse réflexion qui, depuis des années, a déterminé la politique suivie par la France dans ses relations avec Moscou, est tout entière axée sur la personnalité de Gorbatchev. Rien de ce qui se fera, de ce qui se décidera, ne le sera contre Gorbatchev, l'ami de la France, le Prix Nobel de la paix, l'homme « à qui l'Europe doit tant », comme le rappelle souvent, avec justesse, François Mitterrand. Cette fidélité est d'autant plus respectable que le numéro un du Kremlin est effectivement un grand dans l'histoire. Le monde occidental a envie de l'aider et de le soutenir jusqu'au bout. Entre un homme d'État fréquentable que ses partenaires et l'opinion internationale ont appris à bien connaître, et un personnage vulgaire et populiste sur les bords, le club des nations riches et chics a choisi. François Mitterrand en fera juste un peu trop, dans l'affirmation de sa préférence. Que la France préfère Gorbatchev, pourquoi pas ? D'autant qu'elle n'est pas la seule. Qu'elle humilie Eltsine, c'est une autre affaire, avec d'autres conséquences que la France, plus tard, essaiera de gommer en embrassant le nouveau président de la nouvelle Russie et en cédant des milliards. Pour l'heure, Eltsine n'a pas la cote auprès de l'Élysée. Il est populaire en Russie, Mitterrand n'en a cure.

Depuis les premiers jours des grandes révolutions de l'Est, le chef de l'État entend mal les peuples. Il mise sur les États et se portent garants de leur intégrité nationale et territoriale. C'est son obsession, sa grande peur de voir l'Europe centrale et l'Union soviétique se disloquer, sa hantise d'un réveil des nationalités sanglant et dangereusement déstabilisateur. Pour ces raisons, à ses yeux impérieuses, il appuie le président de l'URSS contre Eltsine... Et, pour ces mêmes raisons, laisse tomber Gorbatchev, le 19 août 1991. Jour du putsch.

Adieu Gorby, mon ami

François Mitterrand est attaché à ce qu'il appelle joliment « la théorie des ensembles ». C'est-à-dire au maintien dans le monde, et surtout en Europe, des communautés d'États. Un attachement qui s'accompagne chez le Président d'un désir de voir les empires remplacés par des « obligations mutuelles librement contractées et acceptées » par les nations. Difficile de ne pas être d'accord avec ce sentiment raisonné. Le tout est de savoir si cette « théorie des ensembles » est juste un souhait ou un grand principe qui conditionne une politique. Et Mitterrand a opté pour le second. C'est ce principe nourri de bon vieux jacobinisme qui engagera la France et lui dictera la conduite à suivre. Ainsi Boris Eltsine en Russie, tout comme Vytautas Landsbergis en Lituanie, menace la cohésion de l'agglomérat soviétique : rien ne devra donc être fait pour les soutenir et gêner Gorbatchev dans sa difficile et fragile tâche de fédérateur d'un nouveau centre. Quand, le lundi 19 août, le coup d'État éclate, François Mitterrand choisit, sinon d'appuyer, du moins de ne pas écarter les « nouveaux dirigeants » qui, pour lui, incarnent de fait l'Union soviétique, donc la cohésion d'un ensemble.

Le Président est convaincu que Gorbatchev a perdu la partie. Ne devait-il pas signer le traité de l'Union le 20 août ? Ne lui avait-il pas dit ou écrit que cette étape serait sans doute la plus difficile ? L'armée et le KGB sont intervenus parce que le président de l'Union soviétique avait échoué dans le maintien de l'Union. Tout lui échappait. L'Empire risquait d'éclater, le fameux traité ne serait vraisemblablement pas signé, les forces conservatrices se sont donc réveillées. Tout paraît clair, et tragique, et se dérouler selon la jacobine pensée présidentielle qui considère que jamais l'URSS ne devra imploser. Mitterrand a alors en tête cette petite phrase qu'il rapportera souvent dans les heures qui suivront. Cette petite phrase de Gorbatchev déjà citée lors de la chute du mur de Berlin puisqu'elle justifia les efforts déployés par l'Élysée pour retarder et contrôler la réunification allemande : « Le jour même de l'annonce d'une réunification allemande, un communiqué de deux lignes annoncera qu'un maréchal soviétique siège dans mon fauteuil. » Ianaev n'est pas maréchal, juste vice-président de l'URSS. C'est là la seule différence dans le scénario attendu par François Mitterrand. Critiqué à cause de son attitude sur l'Allemagne, critiques qu'il trouve injustes, voici que les événements de Moscou lui donnent raison. Il avait bien dit, seul contre tous, que l'unification des deux Allemagnes devait certes avoir lieu mais prudemment, en prenant le temps et surtout, surtout, en ménageant Mikhaïl Gorbatchev, en ne décidant pas d'actions précipitées qui pourraient affaiblir son autorité et donc contrarier le processus de libération.

Oui, Mitterrand le visionnaire qui, le premier, avait salué l'ensemble du grand mouvement mis en place par Gorbatchev, le premier aussi qui mesurait ses effets et calculait son voyage — « la révolution, partie de Moscou au milieu des années 80 fera le tour de l'Europe avant de revenir à Moscou » —, Mitterrand donc ne s'était fourvoyé sur rien. Les faits brutaux hélas viennent de lui donner raison. L'écroulement du mur de Berlin et la dislocation de l'Empire en pantin désarticulé, l'ont étouffé. Exit Gorby. Avec les honneurs. Mais sans possibilité de retour. Car ce scénario est aussi cohérent que la pensée présidentielle est lumineuse. L'élimination de l'ex-numéro un soviétique est douloureuse et inévitable. Il était un ami, un compagnon de marche de Mitterrand, mais la raison des États l'emporte. Puisque la France est convaincue qu'une page est tournée — au nom même de la plus grande des références : la logique élyséenne —, il faut faire vite. Pas le temps de gémir et de pleurer sur ce qui déjà appartient au passé. Mitterrand mise sur l'avenir. Puisqu'il a été le seul à tout comprendre et à avoir pris des risques en adoptant une position différente des autres, décidément trop inconsistants sur l'Allemagne comme sur le reste, il bénéficie d'une belle longueur d'avance. Inutile de s'attarder sur le présent, qui traîne. François Mitterrand sait, et le dit, que le putsch a réussi. Alors il tend les perches pour maintenir les contacts, pour nouer ce qui déjà par lettre interposée ressemble à un début de dialogue. N'est-ce pas l'apanage des grands de pressentir avant les autres puis d'agir avec efficacité, sans états d'âme, froidement, un peu cruellement, parce que l'histoire l'impose ?

Il y a longtemps, en Pologne — tout va si vite, c'était avant l'arrivée au pouvoir de Gorbatchev —, il avait osé choisir comme interlocuteur le Pinochet rouge, Jaruzelski le général geôlier de Walesa. On sait que l'histoire réservera au dictateur à lunettes noires un meilleur jugement que celui qui fut émis sur lui dans les années 80. Le mérite de François Mitterrand est d'avoir su avant tout le monde que Jaruzelski était un passage nécessaire vers la démocratie, que sa présence à la tête de l'État polonais était une garantie de non-intervention des Soviétiques. Qu'il fallait donc miser et compter sur lui. Un choix que l'Église puis, plus tard, Solidarité feront également. Le Président pense-t-il à Jaruzelski quand il apprend qu'un putsch a éclaté ? Il agit de la même manière, cherche dans la lettre de Ianaev des arguments qui laisseraient croire que les auteurs du coup d'État vont aller dans la même direction que celle de Gorbatchev, mais en empruntant d'autres chemins. Le général polonais a imposé l'ordre sur lequel fut ensuite bâtie la démocratie polonaise. Les « nouveaux dirigeants soviétiques » vont garantir l'intégrité territoriale de l'Union à l'intérieur de laquelle les libertés continueront, peut-être, de grandir.

Dès lors, comme pour la Pologne, il faut établir un dialogue, surtout ne pas rejeter ni isoler Ianaev et sa clique. L'Union soviétique s'est entrouverte, il y aurait danger, pour le processus de liberté qui s'est engagé, à la laisser se refermer comme une huître.

Mitterrand s'engouffre seul et trop vite dans cette voie qu'il croit être l'unique solution. On a dit précédemment qu'il avait sous-estimé les aspirations du peuple de Moscou au maintien des libertés, tout comme vingt mois auparavant il avait mal estimé la détermination du peuple allemand à réunir les deux nations sœurs. Cette expression populaire incontrôlée et incontrôlable, il la redoute. Il craint qu'elle ne débouche sur un retour aux affrontements entre nationalités, à une déstabilisation porteuse de guerre. Les ensembles doivent être maintenus, c'est le grand principe. Il oublie juste que Moscou n'est pas Varsovie. Que les Soviétiques d'aujourd'hui, à la différence des Polonais d'il y a dix ans, vivent une authentique liberté de se déplacer, de parler, de critiquer, de rêver à voix haute à un régime démocratique. Que l'histoire a sinon à jamais, du moins pour longtemps, changé de sens. Que tout maintenant va vite. Très vite. Et qu'il est prétentieux d'inventer des schémas et encore plus risqué de les suivre. La preuve.

Bonjour Gorby, mon ami

Donc Gorbatchev revint et Mitterrand fut démenti. Tout le monde est toujours content de revoir un ami. Mais comment rebondir après tout ce qui a été dit et pas dit ? Le président français reprit ses anciennes marques comme si de rien n'était. Il s'était trompé sur le putsch mais rien d'irréparable n'avait été commis. A l'étranger, on ironise un peu. Les journaux britanniques, toujours fort médisants, évoquent sa « retraite anticipée ». Mais n'en a-t-il pas vu d'autres dans sa longue carrière, et de plus graves ? Quant à Eltsine, tout finirait bien par s'arranger, d'autant que Gorbatchev retrouvait son pouvoir et continuerait donc à incarner l'Union. Hip ! Hop ! oubliés les quelques erreurs et manquements, François Mitterrand parle comme si le putsch et surtout la victoire contre le putsch n'avaient jamais eu lieu. Retour à la case départ. La grande théorie selon laquelle la réunification de l'Allemagne et une désintégration de l'Union provoqueraient la chute de Gorbatchev s'est en partie vérifiée. Le putsch a eu lieu, donnant ainsi raison à François Mitterrand, puis il a échoué. Ce n'était pas prévu mais tant mieux. Tout repart comme avant, et le Président enchaîne sur sa deuxième erreur.

A la télévision, lors de sa fameuse séance de rattrapage manqué du 21 août, François Mitterrand salue comme il se doit Boris Eltsine et Mikhaïl Gorbatchev, et prononce cet éloge, qu'il ne sait pas encore funèbre, de la perestroïka : « Cet échec du putsch montre qu'il y a une grande puissance des forces de modernisation et de démocratisation. La perestroïka est lancée, et finalement cela marche, même avec des accidents de parcours, et c'est cette puissance populaire qui est passionnante et qu'il faut encourager. » Le Président continue donc à croire dur comme fer au rêve de Gorbatchev.

Étrange. L'échec du putsch a accéléré la chute du communisme. Il est mort, enterré. Les statues de Lénine sont déboulonnées les unes après les autres, les drapeaux rouges sont arrachés des bâtiments officiels, le PCUS n'existe plus et est déclaré hors-la-loi. Tout ce qui touche au communisme est rejeté par les Russes, les Baltes, les Ukrainiens, les Tatars ou les Géorgiens. Même l'Union, qui incarne l'ancien régime, est logiquement menacée de disparition. Le peuple, ou plutôt les peuples de l'ex-Empire, veulent tirer un trait définitif sur le passé, changer radicalement, oublier et casser pour reconstruire. Or, la perestroïka de Gorbatchev voulait amender en douceur, moderniser la garde-robe du communisme en conservant sa griffe. Elle n'avait pas l'ambition de changer de régime, mais de le rendre plus présentable, plus acceptable. C'était le grand dessein irréaliste et politiquement suicidaire de Gorbatchev. Pendant quelques années, il a réussi à faire bouger les choses sans modifier leur nature. Mais le concubinage entre les libertés et le communisme ne pouvait être durable, les unes progressivement étouffaient l'autre, le poussaient hors du lit conjugal dans lequel la perestroïka croyait les maintenir. Il ne manquait qu'un acte fort de détermination pour oser prononcer le divorce. Et il se produisit lors de la résistance au putsch. D'un seul coup l'opinion a pris conscience de sa puissance. Elle a réalisé, après soixante-quatorze années passées à subir l'histoire, qu'elle pouvait à son tour l'écrire. Et dire non.

La perestroïka est morte avec le putsch. Les Soviétiques — appelons-les ainsi une dernière fois par commodité — ne veulent plus d'une politique qui reste accrochée à une certaine forme de communisme. Gorbatchev, père fondateur de cette politique, est lui aussi condamné à s'effacer. Comment pourrait-il continuer à défendre un idéal dont plus personne ne veut, à amender un système qui est définitivement balayé, à restaurer une masure qui s'est totalement effondrée? Le voici au bout de son rôle immense. Inutile, après avoir tant fait. Le monde, qui lui doit beaucoup, le salue au soir de son retour d'exil, mais l'hommage et les honneurs rendus au vaincu sont déjà une épitaphe : *Ci-gît un grand homme qui croyait réformer le communisme, l'a tué et lui avec!*

Cela, François Mitterrand n'a pas voulu le comprendre. Jusqu'au bout, jusqu'à l'erreur, il a parlé et agi sans voir les réalités criantes. La perestroïka était pour lui l'idéal. Elle correspondait à ce qu'il souhaitait pour l'URSS, à cette évolution lente et contrôlée qui évite les dangereuses ruptures et accompagne les changements. Gorbatchev était l'homme de la situation. François Mitterrand l'a soutenu, puis laissé tomber, puis de nouveau soutenu, toujours pour la même raison : le refus d'un désordre et d'une désorganisation, à l'origine des graves déstabilisations. L'un de ses proches dit de lui : « Son instinct le porte à privilégier l'ordre public plutôt qu'à regarder le mouvement des masses. Face à l'événement, il est toujours conservateur*. » Son instinct et son conservatisme l'ont rendu sourd. L'orgueil l'a aveuglé — cet orgueil qui laisse croire que les hommes d'État peuvent freiner et canaliser les aspirations des peuples. Moscou, par deux fois, pendant et après le putsch, lui a montré combien il se trompait.

François Mitterrand avait tout, dans son jeu, pour suivre en tête les bouleversements de l'Est, une belle image, une belle réputation de chantre des droits de l'homme, une belle autorité internationale. Et il profita peu de ses avantages. De ces révolutions qui

---

* In *Le Point* du 31 août 1991.

cachaient leur nom il voulut se mêler et s'empêtra dans des initiatives et des manœuvres compliquées. La chute du mur de Berlin était le prolongement des célébrations du Bicentenaire, et Mitterrand, le mieux placé pour applaudir, tenta maladroitement de différer la grande fête de la réunification. Le putsch de Moscou méritait une gifle diplomatique, et il se contenta d'une chiquenaude en attendant de voir.

Ces grands mouvements de liberté, que pourtant il appelait de ses vœux les plus chers, semblent l'inquiéter. Au lieu de les laisser aller jusqu'où les peuples veulent les conduire, il s'active pour les contenir et les contrôler. Et tous, en réponse à ses efforts, lui échappent. A Moscou, à Berlin, et ailleurs à l'Est.

A Prague où Václav Havel parle comme lui un joli langage de libertés, il glisse aussi sur les mots. Et trébuche. Son idée de Confédération européenne, il la compromet et la retarde en prononçant des paroles trop dures, sur les perspectives d'adhésion de la Tchécoslovaquie à la CEE. « Il vous faudra attendre plusieurs dizaines d'années », dit-il, brisant leur espoir. François Mitterrand s'en prend à l'Amérique qui séduit la jeunesse tchèque, et il associe la grosse Union soviétique, dont Prague ne veut plus, à sa Confédération. Le pin's — c'est la mode — qui est distribué lors de cette conférence de Prague, dessine une carte où l'URSS prend toute la place, où la Tchécoslovaquie — trop petite — est invisible. Ce n'est plus l'Europe moderne et libérale, mais un vieux remake de la Maison commune, inventée par Gorbatchev. Encore lui !

Aux Baltes qui attendent eux aussi des gestes

d'encouragement, qui les premiers se battent pour récupérer une souveraineté volée par Staline, François Mitterrand demande trop de patience. Face aux Républiques toutes neuves de l'ancienne Union soviétique, il hésite et tarde à reconnaître l'indépendance pourtant acquise. En Yougoslavie, où l'histoire bascule dans le drame, il a certes essayé, plus que d'autres en Europe, d'obliger la Communauté à assumer ses responsabilités, mais refuse de considérer comme un fait l'éclatement du pays.

Le Président privilégie les États sur les peuples. Toujours avec de belles intentions, mais le résultat est là : les événements se déroulent et avancent parfois contre ses désirs ou ses actions. Sa fierté, sa mission ou son orgueil de chef d'un grand État qui compte, lui dictent d'intervenir, et de faire. François Mitterrand parce qu'il veut, malgré les énormes difficultés, se comporter tel un chef d'orchestre est aujourd'hui jugé sur les couacs du concert qu'il prétend diriger. C'est le risque de toutes les actions ambitieuses. La contrepartie logique de toutes les hautes initiatives. S'il avait réussi, s'il avait été écouté, s'il avait imposé ses idées, s'il ne s'était pas trompé sur le Mur et à Moscou, le monde et l'Europe salueraient aujourd'hui ses audaces, son sens politique et ses fines intuitions. Or, ce qu'il tenta à l'Est n'aboutit pas à ce qu'il souhaitait. Et la sanction de l'histoire immédiate, à son égard, est sèche.

En septembre 1991, Anatoli Sobtchak, le maire de Saint-Pétersbourg, recevait à déjeuner, lors de sa visite à Paris, quelques journalistes. Je lui ai demandé ce qu'il pensait de la position de François Mitterrand lors du putsch de Moscou. Sourire. « Je ne sais pas ce qu'a dit votre président. J'avais alors autre chose à faire. Ce qu'il a pu dire n'était pas très important. » La sanction peut être cruelle.

Troisième partie

L'ILLUSIONNISTE, LE CONSERVATEUR
ET LE GRAND TIMONIER

« La France est un grand pays, un des pays les plus présents sur la surface du globe et des plus respectés. » C'est vrai. Pourquoi François Mitterrand, au cours de sa conférence de presse de septembre 1991, se sent-il obligé de rappeler une évidence que peu de ses détracteurs contestent ? Depuis quelques jours, il est attaqué, son attitude pendant le putsch est critiquée et sa politique étrangère jugée trop floue. Argument suprême de défense, le chef de l'État invoque alors la grandeur de la France. Pratique et royal. Le procédé, propre d'ailleurs à tous les présidents de la Vᵉ République, ne manque ni de panache, ni d'audace, ni de suffisance. Brandir la France et son image en réponse aux erreurs supposées que l'on aurait commises, c'est se considérer soi-même au-dessus des autres et des critiques, intouchable et infaillible : car c'est agir au nom du pays. C'est sous-entendre que la France et son président sont l'une et l'autre confondus, qu'adresser des reproches au second c'est en même temps s'en prendre à la première, à son autorité et à son audience internationale.

Encore un petit effort et la moindre critique, la plus petite escapade dans le saint des saints présidentiel, là où se rédigent les tables des lois de notre diplomatie, sera déclarée espionnage ou crime de lèse-majesté et punie de bannissement pour atteinte à la réputation et aux intérêts supérieurs de la nation.

Ainsi la France est grande et le Président aussi. Alléluia ! Mais une fois les louanges chantées sous les balcons du Prince, peut-être est-il possible, sans intention de trop nuire au pays, de nuancer un peu et d'avancer deux remarques désobligeantes. Pardon.

La première est un constat. Oui, la France est grande mais un peu moins qu'avant. Avant quoi ? Avant la fin de la guerre froide. Pourtant, elle ne s'est pas appauvrie, au contraire, elle est plus riche que du temps de sa forte présence et influence dans le monde. Ses institutions sont solides, sa monnaie l'est devenue et sa puissance nucléaire fait toujours impression, même si on ne sait plus trop bien à qui elle devra faire peur. Mais tout a changé autour d'elle et la caisse de résonance qui amplifiait sa voix n'a plus la même acoustique. De tout cela, nous reparlerons plus loin.

La seconde est une question. Suivie de beaucoup d'autres. Cette grandeur de la France, fût-elle légèrement rabaissée, au service de quelle diplomatie est-elle ? On sait des choses essentielles. Tels le droit, l'humanisme, la justice, le respect de la démocratie qui motivent et soutiennent notre politique étrangère. Mais au-delà de ces très grands principes propres, plus ou moins, à toutes les nations libres, et respectés dans les limites des subtiles raisons d'État, dans quelle direction allons-nous ? Les marques ont bougé, quelles sont les nouvelles balises ? Les vieilles références ont disparu, les espoirs ont changé, les doctrines meurent, des frontières s'effacent, d'autres s'inscrivent en pointillé, quelle est la réponse donnée à ceux qui cherchent reconnaissance, interrogent et attendent des gestes ? La France, mère des droits de l'homme, est pour la liberté des peuples à disposer d'eux-mêmes, au nom de quel autre droit y met-elle des conditions ? Quant aux relations internationales, elles s'emmêlent. La France est certes européenne, fer de lance du renforcement de la Communauté, mais penche de plus en plus vers Washington. Elle aide le tiers monde, entretient ses amitiés en Afrique et au Maghreb, mais peut-on encore parler d'une politique arabe et d'une politique africaine ? Si oui, en quoi ces politiques aident-elles les peuples à gagner cette démocratie que, tout doucement, plus doucement qu'à l'Est, ils découvrent ou entr'aperçoivent ? Et enfin, que reste-t-il dans les faits et les intentions du beau et formidable discours de Cancún ?

Ces questions sont un peu trop nombreuses. Le fait qu'elles se posent montre qu'il y a un petit problème dans l'exposé des motifs de la diplomatie française. François Mitterrand a sa part importante de responsabilité. Si la présentation de sa politique était plus claire, s'il cessait de se complaire dans cette ambiguïté qui semble tant le ravir, si ses actes, ses décisions, ses paroles n'apparaissaient pas parfois contraires aux objectifs que l'on avait cru deviner, la plupart de ces questions auraient au moins un début de réponse.

Le chef de l'État n'est pas seul en cause : sa culpabilité est même insignifiante par rapport à la grande responsable, celle qui a décidé de tout changer, de tout remettre en cause, de faire voler en éclats les blocs et les gangues qui pour toujours semblaient figer les choses. La responsable est l'histoire. Aux hommes d'État qui se trouvent là, en corrélation avec les grands bouleversements qu'elle provoque, de se débrouiller avec elle, de gérer et d'anticiper les conséquences de ses frasques.

François Mitterrand, qui si bien parle du temps, est sacré maître horloger. A lui de remettre les pendules de la diplomatie française à la nouvelle heure de l'histoire. De régler un mécanisme qui s'est détraqué. Le travail est difficile, délicat, minutieux. Le Président s'affaire avec un doigté que l'on croyait de fée. Il tâtonne, trouve appui sur un acquis fragile, cherche ses marques et de nouveaux repères. Parfois il les trouve. Parfois il retarde.

Sa tâche est d'une complexité extrême. Donc aisément critiquable. Il est facile, en effet, et un peu malhonnête, d'arrêter les pendules du temps pour juger sa politique alors que rien n'est encore définitif, que tout est en train de s'écrire, qu'une décision, une attitude considérées comme maladroites aujourd'hui peuvent paraître demain prudentes et habiles... N'est-ce pourtant pas dans ces périodes où le monde se transforme et redessine ses cartes que les hommes les plus grands sont attendus ? C'est alors, à ces instants historiques, qu'ils doivent affirmer leur sens et leur instinct, sinon de visionnaires, du moins de gestionnaires qui mesurent les événements sans jamais les subir, qui les précèdent ou simplement les accompagnent sans jamais se laisser dépasser. Pas simple ! Et si simple à dire ! Mais n'est-ce pas leur travail et leur ambition d'assumer ces difficultés considérables ? François Mitterrand s'y était préparé. Plus que beaucoup d'autres en France, il donnait l'impression — impression juste — d'être apte à jouer un rôle de premier plan sur la scène internationale chamboulée, de construire une toute nouvelle politique, de parler un autre langage. Il s'y essaya et s'y essaie, se veut réaliste, réformateur des idées reçues, mais reste prisonnier des pesanteurs, du poids du passé qui l'empêche de voir en avant. Il barre seul le navire, évite quelques écueils mais manœuvre — comme il sait trop bien le faire dans les eaux intérieures —, en feintant. Tour à tour et simultanément, il casse, à sa manière, sans le dire, les vieilles illusions et en fabrique de nouvelles. Il suit le changement, semble l'accompagner mais agit en conservateur décevant quand le mouvement d'un seul coup lui échappe. Timonier solitaire, il cherche à tenir et imposer un cap au beau milieu des événements agités. Mais quel cap ?

CHAPITRE 1

L'ILLUSIONNISTE

La France n'a pas gagné la guerre. Je ne parle pas de la guerre du Golfe, mais d'une vraie guerre mondiale, la seconde, celle de 39-45. Ce constat de défaite, contraire à ce qui est écrit dans les livres, ne sera jamais reconnu, surtout pas par un chef d'État condamné, quel qu'il soit, à caresser l'orgueil du pays et à flatter ses victoires, fussent-elles fabriquées. La France n'a pas gagné la guerre, mais elle a fait mine, comme si. Et le général de Gaulle était d'autant plus convaincu, donc convaincant, qu'il avait, lui, gagné sa guerre et fondu sa victoire avec celle, imaginée, de toute la nation.

Le fait d'avoir incarné l'autre France, celle du courage, opposée à la couarde, celle de Pétain hélas plus peuplée, donne quelque autorité et crédit. Le Général s'en servit pour construire cette belle et forte image d'une France victorieuse, indépendante, insolente s'il le fallait, qui toisait les grands, discutait un ton au-dessus pour mieux se faire entendre et brandissait sa force de frappe pour garantir sa liberté de faire et d'agir.

Pendant un peu plus de quarante années, les chefs suprêmes de la diplomatie française ont détourné les rivalités des deux supergrands. La guerre froide et les antagonismes idéologiques ont permis à la France de faire entendre sa voix « originale », de doper son autorité internationale et de fabriquer son image de grande puissance surdimensionnée. Elle n'avait pas gagné la guerre, mais se vengeait de l'humiliation de Yalta en redressant la tête, en bravant l'OTAN, en affirmant avec panache son indépendance. Les blocages, les difficultés de dialogue, parfois le non-dialogue entre Washington et Moscou, ont dégagé un espace dans lequel sa diplomatie s'est engouffrée. La France était l'autre grande puissance. Moins grande, beaucoup moins grande, mais capable de parler de manière fracassante, sans ménager l'un ou l'autre de ses partenaires gigantesques. Et cette attitude, qui aurait pu n'être qu'un vulgaire calcul, collait bien à sa nature, à son histoire, à sa farouche indépendance d'esprit ; d'où cette progressive réunion de la majorité des Français autour de la politique étrangère conçue par le Général et poursuivie par les présidents successifs, vestales de cette image agrandie de la France.

Outre que n'importe qui n'est pas de Gaulle, les événements de la fin des années 80, qui se prolongent aujourd'hui, ont obligé la France, donc son président du jour, à voir les réalités bien en face. A reconnaître, sans l'admettre, que les illusions étaient brisées. Notre diplomatie reposait sur deux piliers, ce qui n'est pas plus mal pour tenir debout. Le premier se composait de l'addition de ses atouts nucléaires, militaires, économiques et démographiques ; atouts importants mais aucun d'entre eux n'était, au niveau mondial, un atout décisif. Le second tenait tout entier à l'opposition et aux rivalités entre les deux super-grands. « L'emprise communiste ou soviétique n'existe plus, écrit Claude-Marie Vadrot, et il va falloir s'en accommoder, vivre sans cet ennemi somme toute pratique *. » La mort clinique de l'Union soviétique a brutalement rendu boiteuse la diplomatie de la France. Danseuse étoile, elle risque désormais de claudiquer, de rejoindre à cloche-pied le corps du ballet, là où s'ennuient sagement les puissances *moyennes* : le vilain mot, contraire à cette *certaine idée* que l'un de ses grands hommes avait d'elle.

François Mitterrand le comprend, devine l'évolution et anticipe. Avant même que le bloc de l'Est n'éclate, il cherche de nouveaux appuis et en trouve deux. L'Amérique et l'Europe.

Le mythe américain

Dès le début de son premier septennat, le Président se rapproche des États-Unis et s'écarte un peu de Moscou. On en sait les raisons, liées à l'affaire des SS 20 et des Pershing. Ce réchauffement des relations entre Paris et Washington aidera le Président à se rapprocher plus tard, et plus vite, de Washington. Quand les événements de l'Est bouleversent les données

* In *La Roulette russe des nationalités*, éd. Bayard.

internationales, et une fois convaincu que l'Union soviétique va perdre ses attributs de grande puissance, Mitterrand prend tout de suite conscience que l'une des fondations de la diplomatie française s'effondre. L'époque des leurres et des faux-semblants est terminée. Désormais la France pèsera son vrai poids, ni moins ni plus. L'Allemagne, très vite, risque de la rattraper en influence et en audience. D'où le rapide calcul de François Mitterrand.

Pour ne pas rentrer dans le rang, pour continuer à justifier sa présence au sein du Conseil de sécurité, la France doit coller à la superpuissance restante. Les États-Unis, le chef de l'État en est sincèrement persuadé, vont construire et gendarmer le « nouvel ordre mondial ». Plus atlantiste que ne l'ont jamais été de Gaulle, Pompidou ou même Giscard d'Estaing, François Mitterrand, davantage favorable à l'OTAN dont il suit régulièrement les sommets, engage la France dans le sillage des États-Unis, investis, selon lui, d'une mission internationale historique. La guerre du Golfe symbolisera d'une façon spectaculaire ce choix, cette recherche d'une nouvelle alliance destinée à maintenir le rang de la France et son audience internationale.

Or, le résultat fut insignifiant. Paris recueillit des remerciements polis de Washington et, au passage, quelques millions de dollars payés par le Koweït en remboursement de sa note de frais, mais pas le moindre satisfecit diplomatique. Avec dédain, l'Amérique oublia de l'inviter à Madrid. Le fameux « nouvel ordre mondial », s'il doit un jour se faire, ce qui est loin d'être évident, s'est amorcé sans la France, et ses capacités pour le relancer sont faibles. La défense du droit était une raison suffisante pour motiver l'engagement dans la guerre. La faute, commise par François Mitterrand, fut d'en faire une stratégie, une combinaison compliquée, d'espérer en récolter quelques avantages sous forme d'une affirmation nouvelle de sa puissance diplomatique, et de le dire. C'était, par orgueil, oublier un principe fondamental des relations internationales tout entières fondées sur les rapports de force. Face à Washington, Paris pèse à peine plus lourd que Rome ou Madrid.

François Mitterrand s'est cru indispensable, il ne fut qu'accessoire. Au-delà de ses agitations pour dénouer seul la crise du Golfe — agitations qui n'aboutirent à rien sinon à brouiller encore un peu plus son jeu et son image aux yeux, parfois écarquillés, des puissances alliées —, le chef de l'État français a échoué dans ses espérances. Cette guerre, il voulait la faire pour montrer que la France assumait sa mission et sa place au sein du Conseil de sécurité et il devait dès lors côtoyer les Américains, partenaires habituels des nations occidentales dans la défense des libertés. Son erreur fut de croire que sa participation au conflit lui permettrait d'engranger une victoire diplomatique, d'être de fait associé à un règlement général de la crise au Proche-Orient. Aux années d'illusions, gérées avec génie aux temps de l'affrontement idéologique entre l'Est et l'Ouest, ont succédé sept derniers mois d'illusions nouvelles, étalés d'août 1990 à février 1991. Sept mois de tension internationale durant lesquels le Président a cru que la France retrouverait son autorité, qu'elle parviendrait à dire son mot au moment où les discussions s'engageraient.

Cette guerre était une opération de police juridique. Une expédition, menée au nom du droit. Les Américains en ont fait un prétexte pour tenter de rééquilibrer le monde, pour affirmer leur autorité, rétablir un ordre dont ils seraient désormais les garants. George Bush disposait de capacités militaires. Pas la France, ni la Grande-Bretagne. Mais François Mitterrand, à l'inverse de John Major, a voulu, lui aussi, comme les États-Unis, saisir l'occasion de redorer son blason. Sans en avoir les moyens. Combien de chars ? Combien de porte-avions nucléaires ? Combien de divisions ? Pour la France, ces questions étaient d'importance moindre quand les deux supergrands s'observaient en chiens de faïence et autolimitaient leurs interventions. Elles sont aujourd'hui la vraie mesure de sa puissance.

Le dénouement de la guerre du Golfe, présenté trop vite comme un succès, se solde en fait par un échec diplomatique de la France. On l'a dit, François Mitterrand a fait miroiter un retour de la grande diplomatie française sur la scène : il y fit trois tours de passe-passe et s'en alla, faute de rappels. Le rideau est tombé sur l'illusionniste.

Alors fallait-il ne rien faire, du moins se borner à un juste minimum ? Un livre, du moins pas celui-ci, ne prétend pas refaire l'histoire, ni donner des conseils, mais seulement s'arrêter aux faits. Seule certitude, qui est d'abord une conviction, François Mitterrand devait s'engager dans le conflit auprès des alliés et dans le respect de l'application du droit international. Une non-participation aurait été incompatible avec ses responsabilités de chef d'un État démocratique siégeant au Conseil de sécurité, et avec son discours sans cesse émaillé de références au droit. L'engagement était donc inévitable, mais difficile. Le Président l'a conduit, parfois en manœuvrant, mais avec, au bout du compte et à l'heure de l'épreuve, détermination et autorité. En revanche, cette autorité s'est trouvée diminuée par l'enjeu qu'il plaça dans la guerre, par ce qu'il en escompta et ne recueillit point. Le président de la République chercha dans son partenariat avec George Bush un surcroît d'audience et n'obtint rien. Conclusion : la diplomatie française, estropiée par la fin de la guerre froide, boite encore et le mal a empiré. A moins de considérer que le but recherché — participer à la paix — et avoué à son opinion publique et au reste du monde n'a aucune importance, ni aucune conséquence, que les mots d'un président de haute renommée internationale ne l'engagent nullement, François Mitterrand est sorti diminué de la crise.

Aujourd'hui, la guerre du Golfe est déjà loin. Dans la gestion de l'avant-paix, les États-Unis ne font pas de miracles. Est-ce une consolation pour la France ? Non. Son absence n'est pas un handicap à la poursuite des négociations. Qu'a-t-elle à proposer ? Quelle grande idée ses diplomates ont-ils avancée ? Ce qu'elle n'a pu faire au lendemain de la crise n'est pas davantage réalisable une année après. Les pourparlers se déroulent sans elle et son autorité au Proche-Orient n'est pas plus grande. Les Américains le savent, constatent et l'ignorent.

Que pouvait d'ailleurs espérer François Mitterrand de la part des États-Unis ? Si les Américains sont plus puissants qu'ils n'étaient, c'est à cause de la débandade soviétique. Mais le colosse US a les pieds fragiles et vacille au bord de la récession économique. Il cherche de nouvelles alliances. Vers quelle région du monde peut-il se tourner ? L'Asie ? Le Japon y fait économiquement la loi. L'Europe ? Elle construit peu à peu son autonomie et devient une rivale. Reste l'Est, déboussolé et attiré par le rêve de la réussite et de la prospérité que l'Amérique mythique continue d'incarner. L'urgence des États-Unis est donc d'établir des liens avec ces nations nouvelles, de convaincre la Russie qu'elle reste un interlocuteur privilégié de Washington, d'empêcher tout désordre nucléaire, de passer des accords militaires dans la foulée des longues discussions sur le désarmement, de contrer l'attirance économique des pays neufs de l'ex-Empire rouge vers la Communauté européenne. Les enjeux sont considérables, ils mêlent la diplomatie, les questions militaires et l'économie. Dans cette course à l'influence, la France, donc l'Europe, et l'Amérique sont directement concurrentes.

La béquille européenne

Si le président de la République avait le choix d'un surnom, celui de « Mitterrand l'Européen » lui ferait très plaisir. Il ne serait d'ailleurs pas usurpé. Oui, le chef de l'État croit beaucoup à l'Europe. Oui, il fait beaucoup pour elle et s'engage personnellement dans sa lente construction. Au bilan de son action, les livres d'histoire la mettront en belle place, bien rangée dans la rubrique de ses actions positives.

Cette Europe, si chère, va-t-elle redonner à la France ce surcroît d'audience qui lui manque ? Est-elle cette autre assise susceptible d'équilibrer sa diplomatie et de renforcer son influence internationale ? Dans dix ou vingt ans : oui, peut-être. Dans l'immédiat : non, au contraire. Et cela n'est pas une critique provocante ou l'expression d'une frilosité face à l'indispensable réunion politique des Européens. Mais un constat froid : l'Europe est lourde et son long transport vers les fonts baptismaux pèse sur les bras de ceux qui la parrainent, dont, au premier rang, la France. Et, de fait, les encombre.

Grâce à sa passion européenne, qu'il partage avec Helmut Kohl, François Mitterrand aiguillonne et stimule sa diplomatie. Son rôle et son action s'en trouvent donc accrus au niveau régional, entre les Douze, là où ses capacités à orienter les décisions sont les plus grandes. Mais cette intense activité déployée au sein de la Communauté européenne a peu de répercussions sur la grande scène internationale. L'Europe politique de cette fin de siècle est en chantier. Rien de concret, donc d'efficace, n'est mis en place. Seulement des promesses, et encore, avec prudence. Dès lors cette période de travaux, parce que l'édifice échafaudé reste fragile, impose des attitudes prudentes et conciliantes. Chaque État de la

Communauté conserve à cent pour cent la définition de sa diplomatie mais la volonté, affirmée surtout depuis Maastricht, de faire parler l'Europe d'une seule — et forte ? — voix nécessite un minimum d'harmonie, de conciliation dans la recherche du plus petit des dénominateurs communs. Faute d'un système bien clair, d'une réponse à toutes les questions qui se posent sur l'édification d'une Europe politique, les Douze sont chacun condamnés à parler de leur côté tout en *tenant compte* de la possible recherche d'une position européenne commune.

Les années de transition et de construction pèsent sur les diplomaties « nationales » des États membres. Ainsi la France cherche-t-elle sans cesse à concilier ses ambitions européennes et sa réputation d'indépendance. Pour rester l'architecte en chef de l'édification politique de la Communauté, elle doit participer le plus souvent possible à la définition de positions communes et montrer l'exemple. Une obligation qui, implicitement, impose davantage de retenue, un tout petit peu moins d'audace et de fracas. L'enjeu, important, vaut bien cet effort mais il contribue à limiter la marge de manœuvre de la diplomatie française, à lui imposer des limites, à lui interdire d'être par trop originale et spectaculaire. Elle espère retrouver de sa brillance, et l'Europe la rend plus terne, la force à faire preuve de discrétion, à rentrer dans le rang.

Au fur et à mesure de la construction européenne, la France peut espérer, avec l'Allemagne, conforter son rayonnement régional et développer sa croissance. Les avantages économiques et monétaires ne sont plus à démontrer. C'est un géant qui est en train de naître, plus riche d'argent et d'histoire que l'Amérique, plus fort que le Japon, plus présent dans le monde que toutes les autres puissances. Mais cette Europe supergrande n'est-elle pas condamnée, pendant de longues années encore, à rester un nain diplomatique ?

Souvenez-vous de la guerre du Golfe et des longs silences de l'Europe. Le monde était au bord d'un conflit grave, on parlait de menace nucléaire, on redoutait une déstabilisation de tout le Proche-Orient et des rives sud du Bassin méditerranéen, et la Communauté ne savait pas quoi dire. Seule petite initiative après trois mots de charabia, elle a assuré la coordination des marines européennes dans le golfe Persique par l'intermédiaire de l'UEO (Union de l'Europe occidentale). Ce fut tout. Et ce fut nul. Mais passons, c'était loin, l'Amérique s'en mêlait, la Grande-Bretagne et la France aussi, l'ONU chapeautait tout cela. L'Europe — fausse excuse — peut prétendre qu'elle n'avait pas une grande liberté d'action. Mais la Yougoslavie ? Le conflit se déroule chez elle, tue beaucoup de monde, menace son équilibre et elle ne dit pas un mot pendant des mois. L'envoi d'émissaires européens ne règle rien. De quoi d'ailleurs sont-ils chargés ? On ne sait pas trop ; Kouchner, seul, fait mille fois plus. Malgré la volonté de la France, l'Europe est incapable de monter une force d'interposition, et se tourne vers l'ONU. Contre la volonté de la France, elle est incapable d'inscrire vite à son ordre du jour la reconnaissance de la Croatie et de la Slovénie, et attend des mois, laisse courir la guerre avant d'agir enfin. Résultat : la Yougoslavie est la honte de l'Europe. Des milliers de morts, des ruines, des obus qui tombent sur Dubrovnik ou Osijek. L'Europe est responsable, et coupable de non-assistance.

Depuis, certes, il y a eu Maastricht. Ah, Maastricht ! François Mitterrand n'a-t-il pas dit, parlant de ces accords, qu'il s'agissait là de « l'un des événements les plus importants du dernier demi-siècle » ? L'emphase, quand elle cherche à convaincre une opinion publique revenue de tout, ne s'embarrasse pas de nuances. Maastricht donc rivaliserait, en importance historique, avec la chute du mur de Berlin, avec l'explosion de l'Empire soviétique et avec l'enterrement du communisme. Admettons. Le sujet ne mérite pas une polémique de cet ordre, d'autant qu'il n'est pas besoin de se forcer pour admettre que les résultats de ce 46ᵉ sommet européen des 9 et 10 décembre 1991 sont en effet considérables. Mais au-delà de l'affirmation de l'engagement irréversible vers une Europe politique, les conséquences attendues sont surtout économiques, monétaires et touchent un peu aux questions de défense.

Au niveau de l'élaboration d'une politique étrangère commune, Maastricht ne change pas grand-chose et joue sur les mots. L'Europe, une fois le traité ratifié, pourra mener des « actions diplomatiques communes » et les mettre en œuvre en prenant des décisions à la majorité. Le progrès n'est pas négligeable puisqu'il casse le principe redoutable de l'unanimité et du consensus obligé. Mais il y a deux limites, l'une et l'autre fortement réductrices. La première : les chefs d'État et de gouvernement devront décider à l'unanimité des sujets qui feront l'objet d'une action commune. La seconde : les ministres décideront ensuite à l'unanimité des questions précises sur lesquelles la majorité qualifiée pourra s'appliquer. En conséquence, le pays européen qui n'a vraiment pas l'intention de s'engager dans telle ou telle direction n'est jamais contraint de le faire. C'est peut-être mieux ainsi, mais le débat n'est pas là. Maastricht, malgré les effets de manche de ses avocats, ne fait avancer que tout doucement l'Europe dans la voie d'une politique étrangère communautaire.

Alors inutile de rêver. De fabriquer de nouvelles illusions, européennes cette fois. L'Europe n'est pas près de tenir entre ses mains l'équivalent de la puissance diplomatique d'une nation. Longtemps elle chuchotera, mais ne parlera pas avec autorité. Elle s'engagera plus avant, mais sa parole ne sera pas proportionnelle à sa force de frappe économique. Imaginons. La crise du Golfe éclate après Maastricht, les traités sont ratifiés, les Douze, comme un seul pays, comme la France et la Grande-Bretagne, entrent-ils dans la guerre ? Non.

L'Europe est une urgence, une nécessité, une lucidité, mais tant qu'elle ne se sera pas dotée d'un système et d'un fonctionnement supranational, son avancée vers l'union politique ne bénéficiera pas diplomatiquement aux pays qui la forment. Ceux-ci devront au contraire composer, lisser leur politique et accepter, au nom d'une unité qu'il faudra bien de temps en temps afficher, des compromis et quelques reniements. C'est déjà le cas aujourd'hui. Un exemple. La France est opposée, pour des raisons sur lesquelles on reviendra, à la reconnaissance de l'indépendance de la Croatie. Elle redoute notamment que cette indépendance ne profite à l'Allemagne. Ce motif — il y en a d'autres — est légèrement contradictoire avec l'esprit unitaire qui soufflait sur Maastricht. Mais peu importe. Mitterrand a le droit, après tout, d'estimer qu'il n'est pas souhaitable que ces « pays » de la Yougoslavie fassent sécession, du moins pas maintenant. Donc, le Président est contre, il est cependant obligé de modérer ses réticences pour ne pas faire cavalier seul au sein d'une Communauté qui, elle, après une longue hésitation, finit par être pour.

Ainsi se construit l'Europe. Cahin-caha. La France ou tout autre pays européen peut espérer par exception trouver auprès d'elle un appui, une béquille. Si Paris décide d'une action diplomatique d'envergure et recueille, sans trop de compromis, le soutien de la Communauté, son poids sera d'autant plus fort, sa voix d'autant plus écoutée. Mais l'Europe en chantier reste suiviste et frileuse. Elle peut, au coup par coup, conforter une initiative, mais jamais elle ne s'expose et n'accepte de courir le moindre risque. Quand, rarement, elle s'avance et s'aventure sur le terrain diplomatique c'est sur la pointe des pieds. Sans génie, sans souffle. Son attitude timorée et timide face aux fantastiques bouleversements de l'Est, qui pourtant la touchent de près, en apporte la preuve de façon dramatique. Maastricht est un succès, « l'un des événements les plus importants du demi-siècle », mais, à l'issue d'un sommet si haut, qu'ont donc déclaré les

Douze en réponse à l'attente des pays de l'Europe centrale et orientale, quelles décisions fortes ont été prises sur la Yougoslavie, quel message, quel discours, quelle politique ? Pas grand-chose. Les risques de déstabilisation sont graves, l'urgence de participer et d'aider à la recomposition des États ou de favoriser les accès à l'indépendance sont évidents, le feu menace et les « pompiers de l'Europe », réunis à Maastricht, ne trouvent pas autre chose à dire et à faire que de commander à la Commission européenne, pour les mois à venir, « un rapport sur l'élargissement ». La réponse, au lieu d'être rapide, politique et efficace est lente, technocratique et décevante.

François Mitterrand croit en l'Europe et continue d'y croire. Excepté quelques vieux gaullistes qui se disent gardiens intégristes de la pensée du Général, les communistes désemparés qui dénoncent par us et coutumes l'Europe du grand capital, et l'extrême droite qui braille les refrains du nationalisme et de la xénophobie, une écrasante majorité de Français est en accord avec les convictions européennes du président de la République. Son choix — limpide ! — n'est donc pas critiquable. La seule erreur est d'imaginer que la politique européenne peut prétendre relancer la diplomatie française, lui redonner cette place qu'elle a occupée et après laquelle elle court. L'Europe est indispensable, historiquement nécessaire mais elle n'est qu'un projet qu'il faut tenir, une belle ambition qui un jour débouchera sur une réalité, sur une entité peut-être harmonieuse, sur un fantastique grand espace de liberté. En attendant, elle pèse et ennuie faute de grandes décisions concrètes et palpables.

Pour s'en convaincre encore, il suffit d'écouter le chef de l'État parler d'elle. Il lui consacre souvent de très longs développements, avec passion et conviction. Il sait, les sondages le lui rappellent, que les Français partagent les grandes lignes de sa politique européenne. C'est donc, pour lui, doué en plus du talent d'orateur, un exercice facile et agréable. D'autant plus agréable que l'Europe et ses grands enjeux pour l'avenir lui permettent de minimiser les problèmes de politique intérieure, de relativiser — comme il le fit à la télévision le dimanche soir 12 avril 1992 — les défaites électorales de sa majorité. Mais son discours, sur le sujet, n'accroche pas et donne envie de bâiller. Comment l'opinion publique, que touchent pourtant les grands problèmes actuels et qu'inquiètent leurs dénouements, pourrait-elle en effet se passionner et vibrer pour une Europe muette, sans réponses, sans propositions précises, sans élan ? Pour une Europe incapable de dire son mot, d'agir et d'arrêter une guerre civile qui éclate à ses frontières ? Pour une Communauté européenne déjà vieille et souffrant toujours d'un incompréhensible déficit démocratique ?

L'Europe est perçue telle qu'elle est : pataude, compliquée, lointaine, confuse. Les lieux où, à date fixe, elle se fait, ne s'appellent-ils pas des sommets ? Des sommets inaccessibles. Comment construire une politique, associer des citoyens à une diplomatie, à une conduite des grandes affaires du monde sur quelque chose d'inaccessible ? Impossible. L'illusion de

François Mitterrand est de prétendre, malgré tout, y parvenir. Pas simple.

Le rideau tombe sur l'illusionniste... et le spectacle continue dans un nouveau décor. La France a changé de rôle, son ombre projetée sur la scène est plus frêle, mais François Mitterrand poursuit dans le même registre, il s'accroche à une réputation, une image, sans admettre que tout est durablement bouleversé, que tous les vieux schémas sont brisés. La fin de la guerre froide a privé la France de son ancien créneau, réduit son audience, contrarié son influence, elle cherche d'autres voies. Mitterrand les explore, s'appuie sur l'Amérique. Désillusion. Accélère sur l'Europe. Elle avance lentement et s'interdit d'avancer politiquement plus vite qu'une tortue, en dépit des apparences (Maastricht) et des urgences (la Yougoslavie).

Restent les événements qui filent, les trains qui passent. Le Président pourrait les prendre en marche, accompagner les grands bouleversements qu'il a parfois, avant d'autres, prévus. Il reste trop souvent sur le quai. On le disait innovateur, on le croyait audacieux, il agit timidement. En étrange conservateur du muséum de l'entre-deux-guerres.

CHAPITRE 2

LE CONSERVATEUR DU MUSÉUM

Il y a un peu plus de vingt ans, François Mitterrand, alors président-fondateur de la Convention des institutions républicaines, tenait une conférence devant des étudiants rassemblés dans le grand amphi de droit d'une université. Il parlait de la gauche qu'il fallait unir, de la politique française qui devait changer, et du général de Gaulle qui venait, l'année précédente, de quitter le pouvoir. Pour détendre son auditoire, il s'essaya à l'humour et ironisa, brocardant le conservatisme du premier président de la Ve République, sur « ce grand homme... du XIXe siècle ». Brouhaha amusé dans les travées. Et étonnement feint de Mitterrand : « Mais c'est vrai, le Général n'est-il pas né en 1890 ? »

Au moins ai-je appris ce jour-là, en l'écoutant pour la première fois, que le futur chef de l'État avait un certain sens de l'humour. Qu'il s'amuserait donc, vingt et quelques années plus tard, d'une plaisanterie qui, au beau milieu d'une diatribe moquant ses erreurs et sa trop grande frilosité face aux révolutions de l'Est, le taquinerait ainsi : « Mais c'est normal, Mitterrand n'est-il pas né sous Nicolas II ? »

Trêve d'humour facile. L'argument, petit et déplaisant, qui essaie de faire croire que Mitterrand est un vieil homme aux facultés limitées par l'âge est vite démenti par une simple observation de ses capacités intellectuelles. Si son swing, selon ses discrets partenaires de golf, faiblit légèrement, sa vivacité d'esprit, elle, ne marque aucun signe de fatigue. L'âge du capitaine n'est qu'un prétexte exploité par certains opposants aigris en mal d'autres raisons. Pourtant l'une d'elles, sans doute essentielle, a bien rapport à l'âge. Mais élégamment. Le président de la République a la dure expérience du siècle. Comme tous les hommes et les femmes de sa génération — il est né en 1916 —, François Mitterrand a été marqué par les guerres. Enfant, il a écouté les témoignages de la Première. Jeune homme, il a fait la Seconde et y fut prisonnier. Homme mûr, il a participé à la gestion politique des conséquences de la guerre. Féru d'histoire, il regarde aujourd'hui le présent à travers ce passé de l'Europe qu'il a vécu, directement ou au travers de forts récits. Tous ces tremblements lui rappellent le pire : les causes des guerres. Nationalismes, réveils de l'extrême droite, frontières contestées, armements dispersés, jusqu'à l'Allemagne qui consolide durablement — et à jamais ? — sa puissance, les motifs ne manquent pas pour nourrir son inquiétude.

L'expérience est un atout considérable en politique comme dans toutes les activités. Elle est une richesse, à une seule condition : qu'elle n'empêche pas de bien voir, de bien apprécier les situations présentes. Or, le chef de l'État est tout entier tourné vers ce qu'il a connu. Il redoute que les mêmes causes ne produisent les mêmes effets, que l'histoire une nouvelle fois ne bégaye et n'accouche de drames. Ses craintes ont quelques fondements, les faits les entretiennent, mais les années 90 peuvent-elles s'écrire avec les mots et les peurs des années 10, des années 30 et des années 40 ?

Michel Serres aime à dire que « la mémoire, parfois, peut empêcher de bien agir ». En parlant l'autre soir à la télévision chez Bernard Pivot, le philosophe ne pensait pas à François Mitterrand, homme de tant d'expériences. Mais la réflexion demeure et s'applique à tous ceux qui avancent la tête et les bras lourdement chargés d'histoire, et le nez chaussé d'une trop vieille paire de lunettes.

La vision immobile de l'histoire

Le chef de l'État est sans doute le président le plus cultivé de la Ve République. Cela ne signifie pas que ses prédécesseurs ne le fussent point. Le premier était saint-cyrien, le deuxième normalien, le troisième polytechnicien et énarque, tous au-delà de Mitterrand, juriste et Sciences-Po, dans la hiérarchie et la notoriété des diplômes. Mais sa culture n'a rien à voir avec la qualité des peaux d'âne. Elle est faite de lectures, de rencontres, de longues discussions avec les écrivains qui, nombreux, l'entourent. Elle est surtout une atmosphère dans laquelle sans cesse il est plongé.

Le Président est donc un intellectuel. De Gaulle aussi — il le prouva plus tard dans ses écrits —, mais il était intellectuel *et* militaire. Pompidou aussi, mais il était intellectuel *et* financier. Giscard aussi, mais il est intellectuel *et* technocrate. Aucun de ces adjectifs, accolés en paire, ne sont contradictoires. Mitterrand, à la différence des autres présidents est un intellectuel *et* c'est tout. Dans son métier d'homme politique puis de chef d'État, la prise de décision, souvent lente, s'appuie sur des références, se nourrit de longues réflexions, cherche des points d'ancrage dans cette histoire qu'il connaît, se plaît à relire et observe d'autant plus qu'il a conscience d'être devenu l'un de ses grands acteurs.

Pour analyser le déroulement des événements, il la met souvent en avant, la récite de mémoire et justifie son action — quelquefois son inaction — par rapport à elle. Ainsi, lors de sa conférence de presse de septembre 1991, il répond à la question d'un journaliste sur la Yougoslavie par un cours improvisé d'histoire :

« J'ai en tête, dit-il, cette remarque de Bismarck après Sadowa, donc en 1866, auprès duquel on s'était étonné qu'il ne profitât pas de sa victoire sur l'Autriche pour dépecer l'Empire d'Autriche-Hongrie, comme ce fut le cas ensuite en 1918. Et Bismarck répondait : Eux l'Autriche-Hongrie, ils savent comment faire avec les Slaves du Sud, pas nous. Il n'avait donc pas voulu modifier l'équilibre dans cette région. » Redoutant que la guerre n'éclate, François Mitterrand poursuit et fait le lien avec la situation actuelle : « Il faut que nous, pays démocratiques, nous insistions pour que ne s'installe pas une sorte de guérilla permanente entre des pays qui ont tout de même été à l'origine de plusieurs grandes guerres auxquelles nous avons été mêlés. »

Trois mois plus tard, au retour de Maastricht, c'est encore l'histoire qu'il semble relire pour commenter la situation à l'intérieur de l'ex Union soviétique :

« J'ai quelques connaissances historiques (...) de ce désordre, de cet éparpillement, de ce désespoir qui doit bien s'emparer des patriotes qui aiment leur pays. » Craignant une nouvelle tentative de coup d'État — « le malheur et le désespoir sont parfois mauvais conseillers » —, il interroge : « Seront-ils visités par une envie d'intervenir afin de rétablir le fil avec une grande histoire ? On ne peut pas exclure cette éventualité. Je souhaite qu'elle ne se produise pas pour que l'évolution de ces Républiques se déroule dans un cadre démocratique. Allons vite pour les aider à passer à côté du plus grand péril. »

Le passé, ancien ou récent, est dans toutes les mémoires. Chez Mitterrand, il devient obsession. Le grand déséquilibre l'inquiète. Il redoute une explosion, un éclatement, un retour à des situations qui se sont déjà inscrites dans l'histoire de l'Europe et du monde.

L'effondrement des grands Empires, celui des Habsbourg et des Romanov, et la chute mal maîtrisée de l'Empire ottoman ont provoqué des conflits internationaux et des guerres civiles. Leurs disparitions ont ensanglanté le siècle. La fin de l'Empire rouge ne risque-t-elle pas de produire les mêmes effets ? François Mitterrand le croit. D'où ses tentatives pour figer l'histoire, pour l'arrêter, du moins la ralentir, de toute façon la contrôler, afin qu'elle ne se répète pas.

A un processus révolutionnaire, François Mitterrand oppose une vision immobile. Prisonnier de ses références, il commet le plus gros des péchés d'orgueil : il pense qu'il lui suffit de ne pas donner son aval aux événements, de ne pas encourager les aspirations des peuples à l'indépendance, d'engager une politique contraire à ce qui est en train de se faire, pour que tout s'arrête, pour que tout lui obéisse. C'est cet orgueil qui lui dicte ses déplacements, maladroits et à contretemps, en URSS et en Allemagne de l'Est quelques semaines après la chute du mur de Berlin. C'est cette volonté d'aller seul contre le cours des choses qui l'amène à mal recevoir Boris Eltsine en avril 1991. C'est cet acharnement à avancer à contresens qui le conduit à constater, avec retard, les mouvements d'indépendance des Croates ou des Baltes. Enfin, c'est cette troublante confiance dans la pesanteur de l'histoire qui le pousse à la faute lors du putsch manqué de Moscou.

Pourtant, le Président se réjouit de l'enterrement du communisme. Il salue la fin de Yalta. Mais la rapidité l'effraie. Il se refuse à régler son métronome diplomatique sur le tempo des événements. Là où il y a rupture, il veut imposer une continuité. Les peuples de l'ancienne URSS cherchent à rompre radicalement avec une idéologie condamnée, François Mitterrand milite pour la perestroïka sans voir qu'elle est déjà rejetée avec l'eau croupie du communisme. Les nations aspirent à s'émanciper, il agit pour le maintien du « centre ».

Les péchés du Prince

Le socialisme totalitaire a figé l'Europe centrale et occidentale dans les frontières du traité de Versailles. Le socialisme s'effaçant, la dynamique se remet en marche. Est-elle bonne ? Est-elle néfaste ? Seule certitude : le maintien forcé dans les vieilles structures, que l'abandon du communisme a démodées, provoquerait une explosion plus forte encore. La Yougoslavie l'a prouvé dramatiquement. Les cassures sont donc inévitables. Mais le Président se démène pour que rien ne bouge trop vite.

Mais où sont les Führers et les duces ?

« Il y avait dans la charpente je ne sais quel crépitement électrique produit par des frottements. A tout moment jaillirait une étincelle. (...) Chaque fois une étincelle seulement, mais chacune aurait pu mettre le feu aux explosifs accumulés. » François Mitterrand, sans doute, a lu *Le Monde d'hier* de Stefan Zweig rédigé en 1941 *. L'un des livres, sinon le livre le plus important pour comprendre la montée des périls en Europe. Dans le même ouvrage, Zweig écrit cette phrase célèbre : « Cette pestilence des pestilences, le nationalisme, a empoisonné la fleur de notre culture européenne. » Cinquante années après, et pour toujours, ces mots qui dénoncent le nationalisme restent vrais. Peut-être Mitterrand les a-t-il présents à l'esprit quand les vieux démons semblent se réveiller un peu

* *Le Monde d'hier. Souvenirs d'un Européen*, éd. Belfond.

partout ? La chape totalitaire désintégrée, ils jaillissent des profondeurs, déformés par une longue incubation, dépourvus de sens, de raisons, de formes, de noms, de prétextes. Peut-être pense-t-il que la Yougoslavie risque de provoquer cette étincelle qui enflammerait la charpente ? Peut-être. La menace n'est pas illusoire. Il faudrait être fou pour la rejeter ou la minimiser. La guerre est une hantise. Relançant son projet de Confédération européenne, lors d'un discours important prononcé au palais de Chaillot le samedi 29 février 1992*, Mitterrand l'évoque et parle de ces conflits qui risquent de retrouver « droit de cité sur le continent européen ».

Mais quels liens entre l'Europe de 1992 et l'Europe des années 30 ? Où sont aujourd'hui les nouveaux *Führers*, les *duces* et les *caudillos* ? A la tête de quelles puissances imposent-ils leur mégalomanie furieuse et assassine ? Le bolchevisme qui, en réaction pathologique, nourrissait le fascisme, est mort. Les démocraties européennes sont plus fortes et plus nombreuses. Aucun pays du Vieux Continent, excepté la Yougoslavie en guerre, n'étiquette son régime politique d'un label qui ne serait pas démocratique. Certains États de l'Est, telles la Roumanie ou l'Albanie, l'une et l'autre en transition, n'ont pas achevé leur parcours vers la liberté mais tous y aspirent. L'Europe surtout, du moins la riche, s'est rassemblée dans une Communauté qui fédère les intérêts, garantit la stabilité, réduit les rivalités entre ses membres,

---

* Colloque international organisé par Jérôme Clément, Michel Foucher et Georges-Marc Benamou sur le thème : « Les tribus ou l'Europe ».

conforte l'idéal de la démocratie et brille comme une espérance aux yeux de ceux qui rêvent de la rejoindre un jour. Quant à l'ONU, malgré ses hoquets et ses lourdeurs, elle est plus active dans le maintien des équilibres que la faible SDN. La communication enfin, ultramoderne et omniprésente, avec ces informations et ces images qui déferlent par les ondes hertziennes, interdit les mensonges et tue la propagande.

Dans l'ex-Union soviétique, la situation est davantage complexe. Des conflits éclatent entre les nationalités, et la grande peur d'une dispersion des armes nucléaires est redoutable. Reste que le dialogue entre Moscou et l'Europe ou les États-Unis fonctionne bien. Les nouveaux dirigeants, malgré les difficultés et les troubles qui agitent leurs relations, sont conscients des menaces nucléaires. Ils ne sont pas fous, ils font preuve d'un sens réel des responsabilités, cherchent à signer de nouveaux traités militaires pour mettre un terme à une course aux armements qui n'a plus de justification.

L'atmosphère est lourde, tendue, mais tout est mille fois préférable aux années de guerre froide, aux milliers de jours sombres où le désespoir risquait de déclencher des soulèvements populaires d'une autre violence, aux décennies où l'équilibre reposait sur un chantage, sur une fin possible du monde, sur la foudre nucléaire. Le monde d'aujourd'hui est dur. Mais va mieux. Non ?

François Mitterrand, comme tous les chefs d'État occidentaux, se félicite du changement. Sa responsabilité est de tout faire pour aider au maintien de la paix. Mais pourquoi noircir davantage les choses ? Pourquoi pêcher dans l'histoire européenne des exemples qui, hors de leur contexte, n'ont plus rien en commun avec les événements actuels ?

« Je ne pense pas que le fin du fin du progrès humain soit de reconstituer l'Europe des ethnies, l'Europe des tribus », dit-il lors de son déplacement en Allemagne à l'automne 1991. D'accord. Mais dans quelle catégorie range-t-il les Croates ? Constituent-ils une tribu barbare ? Et les Slovènes ? Composent-ils une ethnie faite de sauvages ? Ou sont-ils l'un et l'autre des peuples que la mort du communisme a d'un seul coup libérés ? Mitterrand ne répond pas. Il tente de ralentir un processus irréversible et, de ce fait, indirectement, malgré les vaines tentatives de la France pour forcer la Communauté européenne à intervenir et arrêter la guerre, donne raison aux Serbes dans leur volonté de maintenir, par les armes, un État fédéral qui déjà n'existe plus.

Impressionné par les souvenirs d'avant-guerre et leur issue terrible, le chef de l'État laisse les anciens clichés remonter en surface. Les Croates, il s'en souvient, avaient pendant la Seconde Guerre mondiale choisi le camp des nazis, comme, ailleurs, les Baltes ou les Slovaques. Mitterrand n'a pas confiance. Il redoute un retour des vieux fantômes, tarde à saluer l'indépendance de la Lituanie et des autres Pays baltes, ralentit le processus européen de reconnaissance de la Croatie. Ces nations qui naissent sont, pour lui, historiquement suspectes. Jadis, elles ont provoqué le chaos, demain elles recommenceront, et tant pis si tout, autour, a changé, si l'absence des mêmes causes — le nazisme, le fascisme et le stalinisme — ne peut entraîner les mêmes conséquences, si les générations ont changé, si les « coupables » sont morts ou trop vieux, François Mitterrand se méfie. Au nom toujours de la sempiternelle histoire.

Cette suspicion systématique le conduit à étendre ses soupçons à l'Allemagne. Il lui reproche de chercher à développer son influence vers la Croatie et la Slovénie, ce qui n'est pas faux et reste géographiquement naturel. Mais la timidité de François Mitterrand à reconnaître une indépendance que les faits rendent inéluctable ne fera que handicaper la France dans ses relations avec ses nations neuves. A refuser l'irréversible, il contrarie son audience future et obtient l'effet inverse : précipiter la Croatie et la Slovénie dans les bras d'une grande Allemagne plus prompte que la France à embrasser.

En Yougoslavie, en Tchécoslovaquie, dans l'ex-Empire soviétique, le réveil des nationalités conditionne toute sa politique et explique ses réticences. Pour contrer et empêcher la montée du nationalisme, « il réduit la question des nationalités, comme l'explique Jacques Amalric, à un simple problème de respect des minorités et des droits de l'homme. Comme si la prise de conscience nationale, tout comme l'adolescence, n'était pas un passage obligé * ». L'essentiel, la priorité, pour François Mitterrand est de garantir les libertés de ces minorités, d'imposer un statut spécial qui protégerait leur droit.

* In *Le Monde* du 27 août 1991.

Belle intention qu'il mettra en œuvre, avec Robert Badinter et lord Carrington, lors de la conférence de la paix à La Haye. Là fut adopté un statut spécial pour les Serbes de Croatie. Mais la logique et la justice voudraient que les mêmes dispositions fussent octroyées à l'ensemble des autres minorités que François Fejtö a recensées dans ses écrits : aux Albanais du Kosovo, aux musulmans du Sandjak, aux Hongrois et Croates de Vojvodine, sans oublier les Allemands de Transylvanie, les Hongrois et les Moldaves de Roumanie, les Serbes et Croates de Bosnie-Herzégovine, les Italiens de Slovénie et les Ruthènes de Slovaquie *. Or, l'urgence n'est-elle pas de reconnaître d'abord les nations naissantes et, avant tout, les six Républiques de l'ex-Yougoslavie ? Leur accession à l'indépendance « sonnerait le glas du grand-serbisme qui est à l'origine du conflit », écrit François Fejtö. François Mitterrand, craintif, soucieux de protéger les droits des hommes, qui depuis des mois meurent là-bas, attend, ici comme ailleurs à l'Est. Et la guerre continue.

Le Président n'est pas trop vieux. Sa vocation à conserver les grandes entités géographiques, à redouter les mouvements des peuples, par définition difficilement maîtrisables, ne doit rien à son âge. Elle est en lui et ancienne. Son attitude conservatrice, opposée à l'image réformiste et audacieuse d'une gauche qu'il a de plus en plus de mal à incarner, est tout

---

* In *La fin des démocraties populaires. Les Chemins du post-communisme*, éd. du Seuil, voir également sa tribune publiée dans *Libération* du 3 février 1992.

entière dans sa nature. En d'autres temps, sous cette autre République où il fut, très jeune, aux affaires, François Mitterrand, pourtant homme de libertés, n'a guère été à la pointe du combat pour la décolonisation. Défenseur de l'Empire français, il craignit des désordres, participa à un gouvernement qui expédia le contingent en Algérie et ne prit la tête d'aucune croisade en faveur de la libération des colonies. Le voici, quarante ans après, qui retrouve ses réflexes et ses contradictions. Face à la décolonisation de l'Empire communiste, il salue l'avancée vers la démocratie, le triomphe des libertés retrouvées, mais freine. Par peur des bouleversements, des trop grands désordres et de l'histoire, qui le hante.

La France prend du retard et collectionne les maladresses. Il lui manque l'audace, l'imagination, cette vision qui lui ferait précéder le cours des choses. Elles ne sont pas au pouvoir. Mitterrand leur préfère une gestion tranquille, l'orgueil de toujours croire qu'il lui suffit de ne pas vouloir pour que tout se passe selon sa volonté.

Cette politique, il la décide seul comme le lui permettent les usages royaux de la Ve République. Ainsi, la conduit-il à sa manière, avec doigté, grande habileté, tout en nuances et confusions. Débarrassé des contraintes partisanes et du lourd fonctionnement des institutions qui contrôlent les affaires intérieures, il agit, enfin libre. Timonier solitaire à la barre du France, seul maître... — après Dieu, ce qui n'est pas si sûr —, il trace son cap sur les cartes diplomatiques où se croisent d'étranges lignes sinusoïdales que lui seul sait lire.

LE GRAND TIMONIER

Souvent dans sa carrière, François Mitterrand essuya de gros grains, affronta des tempêtes qui l'auraient brisé si ses facultés à résister ou à esquiver n'avaient été si fortes. Élu président, donc grand timonier de notre diplomatie, il était bien préparé à tenir la barre par gros temps, au milieu des écueils. Le monde tremblait de partout, la France perdait ses marques, mais les capacités exceptionnelles de son chef lui feraient tenir bon et encaisser le choc, ce qu'elle fit. Donc tout va très bien? Pas si mal. Que notre pays reste ce qu'il est, l'un des plus puissants et des plus écoutés de la terre, est sans doute une satis-faction pour le premier des responsables, mais ne peut être le seul résultat d'une politique. L'image de la France, nourrie de sa culture et de ses richesses, est une forte donnée de départ que les présidents succes-sifs sont chargés d'enrichir ou, à défaut, de préserver. François Mitterrand, malgré les difficultés, supporta les épreuves et réussit souvent, notamment dans le domaine européen, à décrocher de grands succès. Sa réputation d'ailleurs longtemps fut belle. Personne, y compris à droite, n'osait trop attaquer sa façon de conduire la politique étrangère. Elle était son secteur, le pré carré où il excellait, et rares les experts en art diplomatique qui se risquaient à émettre des doutes. Tous applaudissaient.

Et puis, il y eut les premiers échecs. Ainsi Mitterrand, surprise, se trompait, commettait des maladresses. La force redoublée des événements et leur imprévisibilité pourraient suffire à expliquer quelques fautes d'analyse et de jugement. Après tout, dans ces moments, il était difficile de bien évaluer ce qui devait être fait très vite. Mais la justification est courte. Sans doute François Mitterrand la trouverait-elle d'ailleurs insultante, tant il pense jouer plus finement que d'autres et croit agir d'autant mieux que les situations sont complexes. Or c'est là, justement, la vraie cause de ses erreurs, celle qui permet de comprendre pourquoi il s'est trompé, comment il s'est mis dans des situations surprenantes, pour quelles raisons obscures il a pris telle décision inattendue et inadaptée. Habitué à tirer parti des problèmes embrouillés qui sont le lot de la vie politique intérieure et ont fait sa fortune, Mitterrand agit de la même manière sur cette scène internationale brusquement agitée. Tout bouge ! Tout est flou ! Tout s'agite ! Il croit connaître par cœur ce théâtre d'ombres, en deviner les coulisses. L'intrigue et ses ressorts n'ont, pour lui, pas de secret. Les jeux doubles sont aisés à manier. L'ambiguïté est un art, et Mitterrand l'artiste.

Le monde n'est pas la France. Il est un peu plus grand, un peu plus compliqué. Les événements y sont davantage incontrôlés et incontrôlables. Les hommes qui les gèrent sont souvent d'envergure. Les peuples qui les provoquent et les enfantent ne sont pas influençables. Bref, les acteurs et les enjeux sont d'une taille immense. Trop haute pour rentrer dans les croquis étriqués des petits calculs. Un déséquilibre planétaire ne se compare pas à une petite crise de régime. Le premier est de l'histoire, la seconde de l'anecdote. L'un exige d'adopter des positions claires, l'autre se nourrit de confusion. Les recettes ne sont pas interchangeables. François Mitterrand a voulu l'oublier.

Quel cap, capitaine?

Hormis parfois le port d'une casquette de drap bleu qui pourrait faire diversion, le Président n'a pas vraiment l'allure du marin et préfère la terre, et ses arbres, à la mer, et ses vagues. Mais s'il ne pratique pas la navigation, du moins en connaît-il les règles, les louvoiements et virements dont on reparlera. Il sait établir un cap, tracer une route, fixer un objectif et déterminer une politique. C'est sa mission de chef d'État, ce pour quoi il a été élu et installé à la barre.

Alors, quel cap, capitaine? Longtemps à cette question qui touche la diplomatie, il répondit sans ambiguïté. Successeur d'un autre grand homme, son rival, de Gaulle, oubliant Pompidou et Giscard, présidents selon lui de transition, il chercha à se démarquer, à construire un socle sur lequel il bâtirait l'édifice de sa diplomatie. Ses relations avec l'Union soviétique ont été franches et nettes. Sa solidarité avec les États-Unis lors de l'affaire des Pershing n'a souffert d'aucune équivoque et laissera des traces durables d'amitié. En Europe, il se battit et se bat encore pour que l'Union avance et aille au-delà d'un consortium d'intérêts économiques et financiers. Face au tiers monde, il lança, à Cancún, et relança, à La Baule, les bases d'une belle politique basée sur la solidarité et un meilleur partage des richesses. Partout alors, la voix de la France se faisait entendre avec force et cohérence.

Aujourd'hui, après et pendant les gesticulations de l'histoire, tout, hors le choix européen réaffirmé à Maastricht, est devenu flou. Au moment où les Français et les partenaires de la France ont le plus besoin de bien voir quels sont les buts et les directions choisis, où l'imbroglio du monde impose une grande netteté, François Mitterrand brouille l'image et les pistes. Son attitude vis-à-vis de l'Est et des nouvelles Républiques de feu l'Empire soviétique est confuse. Les liens avec les pays arabes sont distendus. L'Afrique, désespérée et inquiète des aides apportées par les nations riches aux anciens États communistes, lance des appels au secours et n'est pas entendue. L'Amérique est tantôt une alliée, tantôt une rivale dont il faut se méfier. Idem pour l'Allemagne, soupçonnée de trop grandes ambitions, de coupables séductions à l'égard de la Croatie, écartée des pourparlers sur le contrôle de l'arsenal nucléaire ex-soviétique, mais cajolée dès que Paris a besoin d'elle pour faire bouger l'Europe. Et contorsions enfin face à l'OTAN, dont la

France semble se rapprocher avant de tenter de la torpiller en jetant en l'air l'idée vague d'une alliance nucléaire avec la Grande-Bretagne.

La recherche d'un équilibre mondial encore mal défini, la fin du communisme, la puissance affirmée des États-Unis, les séquelles de la guerre du Golfe, la recherche d'un nouveau positionnement de la France expliquent ces hésitations, ces changements de comportement, mais où sont les lignes de force de la diplomatie française ? La rampe rassurante sur laquelle s'appuyer et se guider ? Sur quelle étoile régler les sextants ? Quel est le cap, capitaine ?

Le prince des manœuvres

A chacun sa nature. Celle de François Mitterrand est toute faite de nuances. S'y côtoient l'orgueil, en fort bonne place, l'autorité, qu'il inspire, la séduction, qu'il manie pour convaincre, et la rouerie, que ses ennemis appellent duplicité et ses admirateurs ébahis, habileté, subtilité, finesse, intelligence et tout cela à la fois. Chez lui, le chemin le plus court est rarement la ligne droite, et ses nombreux parcours en courbe lui ont plutôt bien réussi. En les empruntant, il a gagné le pouvoir, étouffé les communistes avec lesquels il passa alliance, attisé l'extrême droite pour gêner l'opposition, mené une politique de gauche avant de faire une politique de droite et sans jamais le dire. Bref, François Mitterrand est plus fort que les autres si toutefois on admet, en suivant Machiavel, que la fin, toujours, justifie les moyens.

Cette nature pourtant, il en refréna les penchants, à l'extérieur de la France au début de son premier septennat. Pour qu'elle se débride et devienne efficace, il lui fallait en effet deux conditions : bien connaître la scène où il se produit et tenir les ficelles ou du moins le croire. L'histoire en ajouta une troisième.

Les deux premières conditions furent vite remplies. En quelques années et après de fréquents voyages autour du globe, Mitterrand excella et passa maître incontesté de la chose diplomatique. Une fois réélu et depuis longtemps fatigué par les questions intérieures, tout était donc réuni pour qu'il consacrât son second septennat au règlement des grands problèmes du monde et de l'Europe. Ambition, sans conteste, à sa hauteur et à sa portée. Fort de sa pratique, de sa réputation internationale, de la confiance des Français dans ses aptitudes à conduire brillamment la politique étrangère, François Mitterrand a, désormais, quelques très bonnes cartes diplomatiques entre ses mains. Son ancienneté fait de lui le président en exercice le plus expérimenté du monde occidental, il connaît parfaitement les rouages des institutions et des mécanismes internationaux. Mikhaïl Gorbatchev est un ami, George Bush lui fait confiance et l'écoute. Il a renoué avec Israël sans altérer ses relations avec les puissances arabes et les Palestiniens. Autre avantage loin d'être négligeable : sa notoriété de défenseur acharné des droits de l'homme séduit les hommes de la nouvelle Europe de l'Est, Václav Havel, Lech Walesa et les autres, qui apprennent à le connaître. Partout, le chef de l'État est en belle position.

La troisième condition est ajoutée par l'histoire. Le jet d'éponge de l'Union soviétique a remis les choses et la France à leur juste place. Désormais, la modification des rapports de force au seul profit de l'Amérique — et peut-être demain de l'Allemagne — gêne son action, la limite, réduit son audience. Pour préserver sa diplomatie et lui garder son efficacité, François Mitterrand est condamné à en changer la forme. Autrefois éclatante et fracassante, elle devient feutrée et manœuvrière. Puisque Washington, débarrassée de la rivalité paralysante de Moscou, occupe tout le terrain diplomatique, et se porte unique garant du « nouvel ordre » du monde, Paris, pour continuer à exister et influencer, cherche à conduire une diplomatie parallèle ou de rechange, à entretenir en cachette des contacts, à explorer des voies étroites où ne s'aventure pas la puissante Amérique. La démarche est risquée, elle réclame du savoir-faire et de l'habileté. François Mitterrand en dispose. Le genre lui convient, il sait comment agir. Le monde, pour lui, devient terrain de manœuvres.

La guerre du Golfe lui permet de passer à la pratique. Tout est réuni pour donner libre cours à ses talents de stratège. La situation est compliquée à l'extrême, l'enjeu et les dangers bloquent les initiatives, paralysent ses partenaires. Il affiche sa solidarité et en même temps noue des contacts discrets. Qui oserait lui reprocher de tenter de dénouer la crise ? N'est-il pas bien placé pour le faire ? Les risques de guerre n'autorisent-ils pas à recourir à tous les moyens ? Mitterrand jure ne pas agir en sous-main mais manipule et laisse s'engager des dialogues secrets. Il gère la crise, ménage des happenings, ne dit rien ou pas tout à ses alliés et agit comme il le ferait sur la petite scène intérieure, comme au temps de la IVe République où le double jeu était alors un art étiqueté subtil. Le tout est sujet, bien sûr, à démenti. La France s'est engagée dans la guerre, elle resta fidèle à la défense du droit, bien rangée aux côtés des alliés. Mais ces plans de paix auxquels François Mitterrand ne croyait pas lui-même, ces initiatives des dernières heures vouées à l'échec et seulement destinées à préserver l'avenir, ces rendez-vous secrets télécommandés par l'Élysée, font partie de l'arsenal de cette diplomatie manœuvrière qui se retourne contre celui qui l'a conduite quand elle se fait prendre et, par malheur, n'aboutit à rien.

En politique intérieure, ces méthodes confuses ont fait leurs preuves. La faute fut de transposer dans la grande salle de l'opéra mondial, de se jouer des États comme des partis politiques, de prétendre occuper le tout premier rôle à la place de la plus grande star internationale du moment, numéro un de loin au box-office des superpuissances, l'Amérique, qui a déjà fait son entrée. De vouloir enfin écrire seule la pièce alors que la communauté du monde en possède les droits.

Comme jadis au pied du mur de Berlin, comme plus tard lors du putsch manqué de Moscou, le timonier à la barre manqua sa manœuvre. Il n'y eut pas naufrage, mais la tentative et l'échec sont visibles. Et le Président, tout doucement, à force d'accumuler des tentatives mal comprises, ébrèche sa statue de Commandeur. Sa réputation était grande, considérable pour certains, elle se ternit. Son crédit s'émousse. C'est gênant, surtout quand on prétend se comporter ainsi pour rehausser la puissance de la France. Or, elle s'affaiblit. En brouillant les cartes, par tics, par habitude et par obligation, le jeu du Président se trouble. Il devient diffus.

Le navigateur solitaire

La République a un sobriquet qui, depuis le Général, ne la quitte plus, on la dit *monarchique*. L'adjectif, un peu excessif, n'est pas totalement faux. Il s'applique dans le secteur, dit réservé, de la politique étrangère où le Président se comporte tel un roi républicain, selon son bon vouloir. La Constitution impose quelques petites contraintes, comme par exemple la ratification des traités internationaux par le Parlement, ce qui est le moindre, mais hormis quelques obligations, le chef de l'État est libre d'agir à sa guise. François Mitterrand, comme ses prédécesseurs de la Ve, est le conducteur solitaire des grandes orientations de la diplomatie française, son ministre des Affaires étrangères, quelle que soit sa qualité, n'étant que le fidèle exécutant de ses volontés et l'interprète de sa pensée.

Enfermé dans sa thébaïde, il s'explique seul sur ses choix, décide seul, assume seul ses réussites et ses échecs. Ainsi, pendant des années, François Mitterrand parla, avec clarté, du rôle de la France dans le monde. Le discours était cohérent, les objectifs définis sans trop d'ambiguïté et, grosso modo, la communication présidentielle passait bien la rampe. Elle était brillante, ses amis aveuglés diraient : lumineuse. C'était au temps où les équilibres internationaux reposaient sur les bases et les règles fixées par l'après-guerre. Dans ce monde figé par l'opposition entre les deux supergrands, la France disposait d'une grande liberté de dire et d'agir. Elle lançait des initiatives, jouait le rôle d'arbitre, parlait avec Arafat, ce que ne pouvait faire Washington, parlait avec Israël, ce que ne pouvait faire Moscou. Interlocutrice de tous, la France avait l'ambition de participer aux grands règlements et de les provoquer. Sa diplomatie était alors l'une des plus actives du monde. Le chef de l'État, lui seul en charge de la définir et de la conduire, tirait de ses activités internationales et de leur exposé devant l'opinion publique l'essentiel de son autorité. Sa politique étrangère, ses missions dans le monde, ses dialogues d'égal à égal avec les plus grandes puissances, ses capacités à régler les affaires planétaires, à afficher l'indépendance de la France, qui élevaient son discours loin au-dessus des autres hommes politiques français, sacralisaient sa fonction et lui avec elle.

La fin des illusions et la mort de l'ex-Union soviétique ont brutalement entravé le fonctionnement de la belle machine. La voix de la France, autrefois amplifiée, est désormais enrouée, couverte par le tapage de la diplomatie américaine et le nouveau dialogue lancé, au-dessus de sa tête, entre Washington et Moscou. Condamnée à se livrer à d'obscures pratiques plus ou moins occultes, Paris est bien en peine d'expliquer sa politique. François Mitterrand, qui si bien parlait de ses grandes initiatives orchestrées de par le monde, ne sait plus quoi dire. Il discourt toujours mais avec moins de talent, s'irrite de ses propres fautes, s'enferre en voulant se justifier. Hors l'Europe qui, c'est un fait, ne passionne pas les Français, le Président ne parvient plus à décrire l'action de la France avec la faconde qu'on lui a connue, il donne l'impression d'avoir usé des mots que trop souvent, dans ses interventions, il semble chercher. La politique étrangère, longtemps, a illuminé la parole présidentielle. Elle la rend, maintenant, terne et fait le Président ombrageux.

De quel grand succès diplomatique peut-il se prévaloir ? Le Golfe ? La victoire militaire a fait long feu, restent les cafouillis. Le Mur ? Il l'a mal mesuré et son erreur d'appréciation y laisse des graffitis. Le putsch ? Soyons gentil et n'en parlons plus. Quant à l'« affaire Habache », elle a révélé que la France soignait ses relations avec les Palestiniens, ce qui n'est pas un mal, mais en était honteuse.

Sans doute y a-t-il quelque injustice à charger François Mitterrand de toutes ces erreurs de politique étrangère. L'histoire, qui lui joua des tours, sera peut-être plus indulgente. Elle reconnaîtra ses succès, saluera ses discours et ses initiatives en faveur des droits de l'homme, le remerciera avec Bernard Kouchner d'avoir inventé le droit d'ingérence. L'Europe aussi lui rendra hommage. Mais le présent a la mémoire courte, il n'a pas d'indulgence et sanctionne les fautes immédiates en se moquant du reste.

Or, pour le chef de l'État, les échecs diplomatiques, qu'il assume en solitaire, comme le veut la tradition de la Ve République, risquent d'être lourds de conséquences. Ils lui ont fait perdre cette supériorité qui imposait, y compris chez ses adversaires, un respect mêlé d'admiration. Sa belle image de président expert ès grandes questions internationales, effaçait ou du moins nuançait ses erreurs et manquements au niveau intérieur. Il était loin des problèmes d'intendance, certes responsable du chômage, de l'insécurité, de la montée de l'extrême droite, de tous nos grands et petits malheurs, mais pas vraiment coupable. C'était le gouvernement qui écopait. Lui, était ailleurs, au-dessus, sur un piédestal. Le voilà aujourd'hui descendu de quelques marches. Rabaissé et fragilisé.

Plus grave encore, ses tentatives pour convaincre que jamais il ne se trompe, que sa vision des grands événements est la bonne, ont usé son crédit. Le Président, qui savait si bien retourner les salles, les auditoires et les choses, n'y parvient plus. Il n'y a pas si longtemps une belle prestation dans une émission de télévision suffisait à le remettre en selle, il s'y expliquait à sa manière, toujours avec brio, et séduisait. Fini. Ses apparitions à l'écran se retournent contre lui ou ennuient. François Mitterrand marque des signes de lassitude, de fatigue. Sa parole est mise en doute. La confiance, ce petit fil invisible, est distendue.

L'ambition du Président est de participer, en tête, au changement du monde. Orgueil sublime ! Péché de Prince ! Sans doute est-il nécessaire de le commettre pour oser agir. L'orgueil d'un chef d'État est une qualité. Tout péché, cependant, a son comble. Le comble de l'orgueil chez François Mitterrand est de toujours croire en son infaillibilité, de la rendre souveraine, capricieuse, hautaine. De l'invoquer comme un postulat qui jamais ne se discute, même quand les faits et leurs suites s'opposent à ses jugements. Certes, l'affirmation de la confiance en soi est parfois rassurante pour l'opinion. Surtout dans les moments difficiles, où l'ordre des choses est menacé. Mais cette confiance excessive doit être partagée, communiquée aux autres. Or, la distance, de plus en plus, se creuse.

Pourquoi le souvenir de Christophe Colomb me vient-il à l'esprit ? L'anniversaire de la découverte de l'Amérique, peut-être. Il se célèbre, par hasard cette année, aux jours où le monde bouleverse encore ses cartes. A nouveau les incertitudes et les espoirs se mêlent. Il y a cinq cents ans, lors de la traversée, les hommes de la Santa-Maria et des autres navires doutaient. Comme aujourd'hui, ils craignaient l'inconnu, étaient pris de vertige au milieu de la route, s'interrogeaient sur la direction à suivre et contestaient le but à atteindre. Christophe Colomb dut convaincre. De la dunette, il prit souvent la parole pour entraîner, motiver, recueillir l'adhésion. Et poursuivre l'aventure.

François Mitterrand est un grand capitaine. Lointain. Loin de l'équipage.

Épilogue

L'été dernier, c'était au tout début de juillet 1991,
je parlais avec mon éditeur de l'idée de ce livre. Je
souhaitais alors décrire et expliquer, au travers de la
politique menée depuis dix ans par François Mitterrand, les raisons du malaise, de cette crise d'identité,
doublée d'une crise morale, qui frappe la France et
les Français. Ce livre, dans sa première et vague
ébauche, devait aborder tous les secteurs, fouiller
dans chaque tiroir et dossier de la vie internationale,
sociale et politique, à la manière d'une enquête qui,
au départ, n'exclut aucune piste.

Pendant quelques mois, mon plan de travail et mes
recherches s'orientèrent dans trois directions, qui
semblaient s'imposer : les questions dites de société
— l'immigration, l'école, la justice, les banlieues, le
chômage —, les troubles de la politique intérieure —
montée de l'extrême droite, abstention, chute des
idéologies, développement de la corruption, crise de
confiance, abandon des valeurs de gauche — et la
France dans le monde sous l'autorité du Président.
Cette question n'était donc que l'une des compo-

santes de l'analyse. Petit à petit, elle a occupé tout ce livre.

Pourquoi cet aveu à quelques lignes du point final ? Les coulisses d'un livre ne se visitent pas, s'y promener n'apporte pas grand-chose. Il y aurait même de l'impudeur — ou de l'orgueil ! — de la part de l'auteur à les montrer au lecteur. Peu importent les semblants d'usage. Si je vous parle, en épilogue, de la marche de ce livre, de son évolution et des approches changeantes, c'est parce qu'elles résument et concluent ce que j'ai tenté ici d'apporter.

La politique étrangère me passionne, je n'en suis pas un spécialiste. Je n'ai donc pas cherché à écrire sur la diplomatie française, sur ce qu'il faudrait faire ou ne pas faire, mais à l'observer, histoire d'estimer quelle est sa responsabilité dans le malaise qui nous gâche la vie. Et ce voyage exploratoire dans les eaux mal connues où naviguent nos diplomates, apporte l'essentiel des réponses, les plus fortes et les plus symboliques. Tout s'y bouscule : la crise d'identité, le doute, la perte de confiance, la peur de l'étranger, la crainte de voir la France perdre sa place dans le monde et l'incapacité du Président à convaincre l'opinion que tout va pour le mieux.

Les symptômes du malaise qui se manifestent, sous des formes diverses, dans notre existence sociale, dans les problèmes liés au chômage ou à la formation, dans les rapports entre les citoyens et la politique, dans les relations entre les Français et les immigrés, se retrouvent dans la perception de notre politique étrangère et le trouble que sa gestion engendre. Cette fois, la responsabilité n'est pas diffuse, car un homme, un seul est aux commandes et revendique toutes les initiatives : le chef de l'État. Seul décideur en ce domaine qui lui est réservé, il ne peut se défausser sur son gouvernement, changer d'équipe pour gommer le passé, rebondir et relancer sa politique. La réussite, à l'extérieur, est sa gloire. Et l'échec, ou le sentiment d'échec, sa défaite personnelle.

La conduite de la France dans le monde, quand on regarde de près son fonctionnement et ses mécanismes, donne ainsi les clés de cette énigmatique maladie qui frappe la société française. Les bouleversements du monde, ces événements considérables et déstabilisateurs, et, par voie de conséquence, la mise en cause du rôle de notre pays dans le concert international, ont contribué à aggraver le traumatisme et à détériorer le climat de confiance que nous avions en nous. Et la manière dont ils ont été gérés a mis à nu les tics et les travers du système mitterrandien.

Tout ce qui a été montré dans ce livre, lors des récits de la crise du Golfe ou des révolutions de l'Est, toutes les fautes ou les défauts ou les manquements à l'extérieur sont les mêmes en politique intérieure. Ils expliquent sinon l'origine de nos problèmes, du moins leur aggravation.

Ainsi François Mitterrand, maître des illusions sur le théâtre mondial, l'est-il aussi sur la scène française. Il tente de donner de lui l'image d'un homme de gauche, parle de solidarité, de partage, et fait en sous-main une politique contraire. Il appelle à la tolérance, au respect des immigrés, évoque de temps en temps une possible extension du droit de vote aux étrangers, et son précédent gouvernement parle de « charters » ou de « zone de transit ». Il dénonce l'argent sale et son parti s'empêtre dans des affaires sordides. Il appelle à davantage de justice et les juges se rebellent contre les pressions. Il avoue mal dormir à cause du chômage mais son décennat pulvérise les records de progression du nombre de demandeurs d'emploi.

Ainsi Mitterrand, conservateur du muséum de l'histoire mondiale, n'apporte pas, du moins n'apporte plus de réponses audacieuses aux problèmes qui paralysent notre société. Où sont-elles, dans quels cartons se cachent les impérieuses réformes qui devaient rajeunir les vieilles structures ? L'école et l'Éducation nationale restent pachydermiques, incapables de réfléchir à un meilleur fonctionnement. Traumatisé par la guerre scolaire qui éclata lors du premier septennat, le pouvoir n'ose plus y toucher et provoquer cette révolution qui partout ailleurs a eu lieu. Même comportement frileux et réactionnaire, donc coupable, vis-à-vis de la fonction publique, poussiéreuse, ou de la justice qui va être modernisée mais attend encore. La fiscalité, parmi les plus injustes d'Europe, la Sécurité sociale, les hôpitaux, tout est laissé en jachère. Rien ne bouge plus. Et Pierre Bérégovoy n'a devant lui que quelques mois pour engager, sur le tard, des travaux d'Hercule.

Ainsi, François Mitterrand, manœuvrier sur les océans planétaires, navigue-t-il dans la mare de la politique intérieure en suivant un itinéraire où lui seul se retrouve. Il embrasse le PC pour mieux l'étouffer. Habile. Mais donne quelques petits coups de pouce à l'extrême droite pour taquiner la droite classique. Dangereux. Sans cesse, il joue sur plusieurs tableaux, ménage le centre et cajole la gauche, lance des promesses de référendum — qu'il maintient dans le vague —, de chambardements constitutionnels, d'hypothétiques réductions du septennat, de modifications du mode de scrutin — qu'il diffère. Il trouble le jeu et manœuvre ensuite à l'aise entre les récifs.

Nous voilà arrivés loin des eaux du Golfe, du mur de Berlin et des remparts du Kremlin. J'ai fait avec vous ce voyage pour tenter de mieux voir ce qui se passe en France. Le Président, parce qu'il est depuis plus de dix ans aux affaires, était le sujet de ce livre : je ne pense pas m'en être moqué, ni l'avoir insulté. L'observer n'est pas le juger, mais chercher à comprendre. Chaque homme, fût-il chef d'un grand État, a sa nature propre. Elle se révèle dans les jours difficiles, quand il faut puiser au plus profond de soi l'énergie et laisser aller l'instinct. François Mitterrand, en France et dans le monde, agit aujourd'hui tel qu'il est, tel qu'il croit devoir être pour imposer et maintenir une autorité menacée et contestée. La suite de l'histoire, que parfois il manqua, dira s'il a bien fait. Ou juste donné raison à Paul Valéry : « Le plus farouche orgueil naît surtout à l'occasion d'une impuissance. »

Paris, le 24 avril 1992.

REMERCIEMENTS

A Christian Sauvage, chef du service politique du *Journal du Dimanche*. Mon premier lecteur. Ses remarques rigoureuses, sa traque des détails et sa complicité m'ont apporté une aide précieuse.

A Monique Aellen, Denise Laskowski et Bernadette Pelletier, pour leur assistance dans mes recherches.

A toute l'équipe du *JDD* et à mes proches collaborateurs, Jean-Claude Maurice, Jean Cavé et Jacques Corcin, pour ces instants de tranquillité qu'ils m'ont ménagés aux heures de l'écriture.

A Yves Berger, bien sûr, pour sa confiance et cette amitié née au fil de ce livre.

A Brigitte, évidemment.

A.G.